AF212174

adictos a
la ansiedad

Cómo
romper
el hábito

adictos a
la ansiedad

owen o'kane

Traducción de
Elena Preciado Gutiérrez

Papel certificado por el Forest Stewardship Council®

Penguin
Random House
Grupo Editorial

Título original: *Addicted to Anxiety*

Primera edición: marzo de 2026

© 2025, Owen O'Kane
© 2025, Penguin Random House Grupo Editorial, S. A. de C. V.
Blvd. Miguel de Cervantes Saavedra núm. 301, 1er piso,
colonia Granada, alcaldía Miguel Hidalgo, C. P. 11520 Ciudad de México
© 2026, Penguin Random House Grupo Editorial, S. A. U.
Travessera de Gràcia, 47-49. 08021 Barcelona
© 2025, Elena Preciado Gutiérrez, por la traducción

Printed in Spain – Impreso en España

ISBN: 978-84-03-52629-7
Depósito legal: B-1.044-2026

Impreso en Black Print CPI Ibérica
Sant Andreu de la Barca (Barcelona)

AG2629A

Para todo aquel que ha compartido su yo ansioso conmigo.
Ha sido un placer y un honor conocer esa parte leal,
protectora y cuidadora tuya.
Espero que ahora te des cuenta de que
¡no es un fastidio!

Índice

SECCIÓN 1
La raíz del problema

SECCIÓN 2
Rompe el hábito

SECCIÓN 3
Cómo recuperar tu vida y prevenir recaídas

Introducción

En mis treinta años de trabajo en salud física y mental, nunca había visto niveles de ansiedad tan altos como los de ahora. Nos hemos convertido en la «generación de la ansiedad», y las investigaciones lo confirman.

En general, observamos una mayor incidencia de la ansiedad en niños, adolescentes, padres y personas mayores. Los centros de trabajo tienen dificultades para afrontar los niveles de enfermedad relacionados con ella. El absentismo escolar ha aumentado y, según los titulares de las noticias, los casos de ansiedad clínica se están incrementando a nivel mundial.

Nada de eso sorprende después de una pandemia mundial, los desafíos económicos, las guerras, la inestabilidad política, el cambio climático y un mundo lleno de incertidumbre. En resumen, el mundo parece un lugar aterrador para vivir en este momento.

Pero eso es solo parte del problema. Cómo gestionar la incertidumbre y la ansiedad de la vida presenta un desafío mayor.

¿Alguna vez has pensado que podrías ser **adicto a la ansiedad**? Sí, tómate tu tiempo. Es mucho por asimilar.

He usado la palabra *adicto* de manera deliberada porque creo que la ansiedad tiene un componente adictivo del que rara vez se habla o que casi nunca se trata. Y, en mi experiencia, eso podría ser parte de la solución. Los hábitos se crean, pero también se pueden transformar.

Hace muchos años, dirigí un grupo de terapia para tratar la ansiedad en un servicio del NHS (Servicio Nacional de Salud). A medida que pasaban las semanas, me di cuenta de que la mayoría de los participantes empezaban a mejorar. Compartí esto con el grupo, pero de inmediato noté que la vacilación y la inquietud se apoderaban de la sala.

Analicé lo que estaba pasando y pronto quedó claro que muchos de ellos sentían ansiedad ante la posibilidad de **no** tener ansiedad.

Las respuestas fueron sorprendentes:

«¿Qué pasa si dejo ir lo único que me mantiene a salvo?».
«No estoy seguro de estar listo».
«Esto es todo lo que conozco y siento que me estás quitando algo».
«Pero eso es lo que soy».

El momento más increíble ocurrió cuando uno de los miembros del grupo, Daryl (un cocainómano en recuperación), bromeó diciendo que superar la ansiedad era más difícil que dejar la cocaína. «Estoy enganchadísimo», dijo. El grupo se rio y, en ese instante de camaradería y bromas, era evidente que todos entendían a qué se refería. Yo también. La idea de estar «enganchado» a la ansiedad tenía sentido.

Como terapeuta, hay momentos en los que sabes que algo importante está sucediendo; es como un sexto sentido. Cada fibra de mi ser sentía curiosidad por saber qué podría significar. Tuve que indagar más.

Existen muchos modelos y teorías sobre la ansiedad que ofrecen grandes perspectivas, pero con frecuencia se pasa por alto su componente adictivo. De repente, recordé un dato interesante: las sustancias químicas que el cuerpo produce durante un episodio de ansiedad son comparables a las que se generan cuando sentimos emoción. Por lo tanto, es comprensible que exista la posibilidad de una dependencia inconsciente a esta reacción (si me siento ansioso, eso me mantendrá a salvo).

Cuando las risas se calmaron, le pedí a Daryl que me explicara a qué se refería. Sabía que estaba intrigado, pero al mismo tiempo percibí que él también estaba experimentando un momento de introspección. Me contó que su adicción a la cocaína era una forma de escapar de la realidad de su doloroso mundo interior. Su infancia fue traumática y llena de sufrimiento. Las drogas le ayudaron a sentir una combinación de entumecimiento, emoción, distracción y libertad durante períodos breves. Eso le provocó dependencia.

Cuando describió su ansiedad, la imagen era similar. Si bien no le producía el mismo efecto que las drogas, el proceso le ayudaba a lidiar con la inseguridad de manera temporal. Abandonar esos procesos le parecía innegociable porque, a corto plazo, eliminaban cualquier sensación de amenaza y le proporcionaban una sensación de control. El problema era que, sin saberlo, contribuía a mantener su ansiedad a largo plazo. Era un tipo diferente de «estar enganchado». Describía su adicción al proceso de la ansiedad y, en ese momento, nació este libro: *Adictos a la ansiedad*.

Todos los demás libros que leas sobre el tema te dirán que es algo que *te sucede*.

Es normal. No es culpa tuya.

No cuestionaré ninguna de esas proposiciones porque hay verdad en todas ellas.

Dicho eso, creo que existe el peligro de que, si crees sin reservas que la ansiedad es algo que *te sucede* o que está fuera de tu control, te sientas impotente o sumiso. Pero no es así.

Si vives con ansiedad y experimentas los síntomas debilitantes que conlleva, te prometo que hay una salida. Pero implica empezar a liberarte de manera activa de los muchos patrones a los que eres adicto y que alimentan tu ansiedad. Sí, es una experiencia que te ocurre, pero es muy posible que muchas de tus acciones, comportamientos y respuestas le estén echando más leña al fuego y manteniéndolo vivo. Tal vez las veas como una forma de lidiar con ella o aliviar los síntomas, pero es muy posible que estés avivando el fuego.

Sin saberlo, eres adicto a mantener un proceso que te da una sensación de seguridad a corto plazo, pero una vida de sufrimiento. Sé que es mucho por asimilar, así que respira profundo y tómate tu tiempo.

Espero que hayas hecho una pausa para comprender lo que acabo de decir. ¿Listo para la siguiente noticia?

- Creo que hoy puede ser el comienzo del cambio para ti.
- Creo que puedo ayudarte a alcanzar un punto de recuperación.

POR QUÉ CREO QUE PUEDO AYUDARTE

En primer lugar, debo decir que la ansiedad no es algo nuevo para mí. La gente suele pensar que los terapeutas ya lo tienen todo «bajo control» y poseen todas las respuestas. No te dejes engañar. Somos humanos y todos estamos en constante evolución. Los terapeutas también pasamos por momentos difíciles. Creo que algunos de los mejores terapeutas con los que he trabajado han experimentado distintos niveles de adversidad en su vida.

Crecí en Irlanda del Norte durante la época conocida como el «conflicto norirlandés». Fue un período de grave violencia sectaria entre paramilitares protestantes y católicos. En resumen, una zona de guerra con algunas de las peores atrocidades de la época moderna. Una vez di una charla TED titulada «Bombas, balas, acoso y un piano». Crecí en una cultura del miedo. Aprendí a sentir ansiedad. Tocar el piano me ayudó a tranquilizarme.

Además de una infancia en una zona de guerra, también fui un niño gay sensible que creció en un país donde la sexualidad fuera de la «norma» era considerada pecaminosa y vergonzosa por las iglesias. Pensaba que estaba defectuoso. Además, sufría mucho acoso escolar y los desafíos habituales de cualquiera que ha crecido en una zona económica y socialmente desfavorecida. Mentiría si dijera que fue una infancia sencilla.

Aunque sí debo reconocer que el amor siempre estuvo presente, así como algunas personas amabilísimas tanto en mi familia como en mis redes sociales.

Pero avancemos rápido hasta la edad adulta. A pesar de la presencia del amor, mi sistema nervioso estaba programado para la amenaza. En resumen, entiendo la ansiedad. Estoy seguro de que muchas personas tendrán historias similares en diferentes contextos.

Pero ya no me quejo ni me compadezco de esta parte de mi historia (créeme, antes sí lo hacía). Mi experiencia me permitió comprender mejor la ansiedad, lo cual fortalece mi trabajo. Por eso escribo libros. Por eso me apasiona la recuperación. Creo que uno puede hablar con sinceridad cuando ha recorrido el camino, sabiendo que la esperanza está a la vuelta de la esquina.

Además de la experiencia personal con la ansiedad, debo mencionar que soy psicoterapeuta y especialista en cuidados paliativos y tengo treinta años de experiencia en salud física y mental. Fui director de Salud Mental del NHS y autor de tres best sellers sobre el bienestar mental. Participo como ponente en congresos y actos corporativos, incluso colaboro en un programa de radio de la BBC como terapeuta residente. Como se suele decir, hago de todo.

Amo mi profesión y siento la responsabilidad de usar todas esas plataformas para el bien común de aliviar el sufrimiento humano. Sé que suena exageradamente moralizante, pero en última instancia creo que todos tenemos algún papel que desempeñar, sea cual sea.

La ansiedad y el trauma son mis áreas clave de interés.

Todo mi trabajo está influido por la formación clínica, la experiencia personal y un enfoque muy humano hacia la condición humana. Evitaré la palabrería psicológica, los sermones, los discursos de gurú y los clichés siempre que sea posible. Esas cosas me sacan de quicio, así que no haré que pases por ello.

¿CÓMO SERÁ EL CAMINO HACIA LA RECUPERACIÓN?

Este libro se divide en tres secciones:

Capítulos 1-3: La raíz del problema
Capítulos 4-8: Rompe el hábito
Capítulos 9-10: Cómo recuperar tu vida y prevenir recaídas

Todo se explicará con claridad y se presentará de una manera que sé que funciona con eficacia. El cambio no se produce a menos que se comprenda el problema, así que te animo a seguir el libro tal y como está explicado. Con frecuencia existe la tentación de adelantarse, sobre todo si estás ansioso. Incluso podría haber cierta impaciencia: «Solo dame la solución». Confía en mí, llegaremos a ella.

No utilizo un modelo tradicional específico de ansiedad ni de terapia, pero claro que reconozco la genialidad de muchos de esos modelos y su influencia en mi trabajo. Este es mi enfoque. Es un enfoque humano e integrador para abordar la ansiedad. Quiero compartirlo porque funciona.

En cada etapa habrá un proceso en el que compartiré historias, ejemplos y herramientas específicas que te ayudarán. Cada capítulo finalizará con un resumen de las áreas clave abordadas.

Mantendré en el anonimato los nombres de personas, instituciones u organizaciones para proteger su privacidad y confidencialidad. Cualquier similitud con historias, acontecimientos o personas es pura coincidencia, ya que todos los detalles se han modificado o ajustado según corresponda.

Ten en cuenta que en este libro ofrezco orientación y sugerencias, pero si los síntomas son abrumadores y afectan a tu vida, te recomiendo buscar siempre el apoyo de un médico o terapeuta profesional. También debes tener en cuenta que la ansiedad se relaciona con otras enfermedades mentales, problemas de salud, consumo de sustancias, medicamentos, problemas neurológicos y diagnósticos neurodivergentes. Consulta siempre con un profesional para obtener asesoría específica sobre la ansiedad cuando deriva de otro problema. Este libro será útil para la ansiedad en general, pero se centra en ella como problema clave.

Si tienes momentos de desesperación y desesperanza, sientes deseos de hacerte daño o piensas en quitarte la vida, habla con alguien de inmediato. Siempre hay una salida. En primer lugar, habla con tu médico o llama a urgencias.

De nuevo, quiero recordarte que tu ansiedad puede mejorar y que la vida puede ser más satisfactoria. Pero, para ser sincero, **no desaparecerá**.

Quien prometa eso no dice la verdad. Es parte esencial de la condición humana. A veces es útil y necesaria; a veces es un fastidio. Trabajaremos en tu recuperación y en retomar las riendas de tu vida, en lugar de que la ansiedad la domine.

Dicho todo eso, tendrás que esforzarte. No hay manera de salir de ella solo manifestando. No hay forma de curarla en un día. No hay vitaminas ni remedios milagrosos que la eliminen para siempre. No hay un programa de inmersión en agua fría que resuelva el problema por completo. Sí, hay cosas que ayudan, así que no las descarto. Pero no es tan sencillo.

Vivimos en una cultura de falsas promesas, información sin fundamento y manipulación de los problemas de salud mental para obtener beneficios comerciales. Es una industria multimillonaria.

Lamento ser tan directo, pero es la verdad. Mucha de la información disponible no es útil.

Si sufriera un infarto, no me convertiría en cardiólogo calificado, así que no debería ni querría entrar en ese campo como «experto». Hoy en día, un curso de fin de semana o una experiencia personal parecen justificar la cualificación. Debes ser precavido, se trata de tu salud y bienestar. Compartir experiencias y fomentar conversaciones es digno de aplauso. Hay gente increíble que hace un trabajo excelente. Cualquier afirmación que vaya más allá de eso siempre debe investigarse para garantizar su credibilidad y precisión clínicas.

Recuperarte de la ansiedad, según mi experiencia, es una combinación de romper patrones de mente, cuerpo, sentimientos, comportamientos y energía que te llevarán a un avance a largo plazo.

INTRODUCCIÓN

Este libro trata de cómo liberarte de la adicción a tus procesos de ansiedad. Es un libro sobre asumir la responsabilidad. Es un libro sobre cómo conocer y reconocer a tu yo ansioso. Es un libro que te ayudará a hacerte amigo de tu yo ansioso. Es un libro de esperanza y redención para que recuperes tu vida. Me alegra que lo hayas elegido.

SECCIÓN 1

La raíz del problema

1

Conoce a tu yo ansioso

Es irónico que al comenzar a escribir este primer capítulo tenga algo de ansiedad por hacer este libro. Vamos directo al grano mientras comparto los siguientes hechos que ocurren en cuestión de minutos.

Estoy en la biblioteca local, observo a la gente y empiezo a preguntarme qué estará haciendo. ¿Alguien más estará escribiendo un libro? ¿No sería genial volver a ser estudiante? ¿El chico sentado a mi lado es el mismo que veo cuando saco a pasear al perro? La clásica evasión y procrastinación, por supuesto, pero de alguna manera logro justificar la divagación. Me aleja de una sensación que ronda en el fondo.

Sí, la ansiedad está rondando. Es una vieja amiga mía y lo ha sido desde que tengo memoria. Es parte de mi humanidad. Es parte de mí.

Y aunque soy consciente de que acecha, también lo soy de que me he subido al tren del miedo sin poder controlarlo.

De repente, siento un nudo en el estómago y una pesadez que me recorre el pecho y todo el cuerpo. La ansiedad no está rondando, ya está en la habitación. Estoy tenso y expectante, pero no sé qué pensar. Es como si esperara que algo saliera mal. No me parece prudente alejarme de ese estado.

Esas emociones tienen una razón válida, ¿verdad? Me pregunto si alguien más en la biblioteca las experimenta (sé que sí). ¿Quizá alguien se siente así ahora mismo?

La mente procede a llenarse de pensamientos prácticos sobre la tarea en cuestión: escribir este libro. Le doy vueltas al título, al contenido, a los plazos y a cómo lo estructuraré.

Entonces, la dirección del viento cambia a medida que mis pensamientos se vuelven un poco más pesados. Empiezo a cuestionar mi capacidad para escribir otro libro, aunque este sea el cuarto. La duda me invade como un cazador de ofertas en las rebajas de enero, aprovechando cualquier oportunidad para preguntar: «¿Y si...?». Y no para:

- ¿Y si fallo?
- ¿Y si no tiene el mismo éxito que los otros libros?
- ¿Y si sufro un bloqueo?
- ¿Y si no ayuda a los lectores?
- ¿Y si mi editor cree que es una basura?

Creo que captas el mensaje. ¡Voy en el tren más rápido hacia la negatividad y es un servicio exprés!

La ansiedad rara vez llega sola. Trae consigo a algunos parientes: ego, inseguridad, pensamiento catastrófico, miedo, pavor y algunos otros que conoceremos a lo largo del libro. Es como ver la serie de televisión *Dónde está mi familia*, ¡nunca se sabe qué van a descubrir!

De pronto mi atención cambia de enfoque. Aparte de la mente acelerada, soy consciente de que han surgido nuevas emociones. Tengo miedo. Dudo. Soy vulnerable.

Me siento expuesto. De pronto, tomo una bocanada de aire, como si saliera a la superficie tras unos instantes bajo el agua. De manera intuitiva, me detengo para regular la respiración y alejarme de la ansiedad. Es algo que he aprendido a hacer... y tú también lo aprenderás.

Logro romper el flujo del ciclo de ansiedad y me siento más tranquilo y despejado.

En ese estado de mayor estabilidad, enseguida me doy cuenta de que mi ansiedad reside en la nueva situación que estoy viviendo al escribir este libro. Es una experiencia reveladora. Hay riesgos. Podría salir mal. Entonces ¿por qué mi mente no me presentaría los peores escenarios posibles para prevenirme del sufrimiento, el fracaso e incluso la humillación? Tiene sentido.

Mi ansiedad está cumpliendo la función de protegerme. Pero no es necesaria ni útil en este momento.

Necesito que escuche eso, así que le recuerdo algunos datos para que los tenga en cuenta:

- Este libro es importante.
- Muchas de las dudas planteadas son falsas.
- Ya lo hemos logrado antes.
- Podemos hacer este trabajo sin peligro.
- Saldremos adelante.
- Agradezco tu apoyo.
- Puedes retirarte, ya que no te necesito ahora mismo.

La ansiedad retrocede como un cachorro en entrenamiento. Llevo mucho tiempo trabajando con ella, así que hay respeto mutuo en esta etapa y ha aprendido a confiar en mis juicios más sensatos.

Vuelvo a la escritura, riéndome para mis adentros. No era así como planeaba abrir el libro, pero es claro que mi ansiedad tenía otros planes. Si iba a ser la protagonista de este libro, iba a intentar ser el centro de atención constantemente.

No nos dejemos engañar, volverá. Pero ya no le tengo miedo. Entiendo sus motivos. Conozco sus movimientos. Sé cómo piensa y las emociones que despierta. Soy consciente de los comportamientos que provoca. Es adictiva, astuta, persuasiva y exigente. Si cree que puede tomar las riendas, hará todo lo posible para hacerlo. Pero siempre me recuerdo que no es mi enemiga. Solo es una parte de mí que a veces se esfuerza más de lo necesario. Y eso tiene sentido para mí, ya que crecí en un entorno de miedo constante.

Si repasamos con rapidez el ejemplo que compartí, verás el proceso de ansiedad de forma sistémica:

- La nueva tarea de escribir un libro desencadena ansiedad.
- La ansiedad cree que la nueva tarea podría representar un riesgo o una amenaza.
- La ansiedad moviliza su defensa.
- Crea un estado de alarma en el cuerpo (síntomas físicos).
- Activa una serie de pensamientos primarios del tipo «¿Y si...?» (sobrepensar o preocuparse).
- Va más allá, activando la inseguridad, el miedo y los pensamientos catastróficos.
- El autoconocimiento entra en acción y me detengo, respiro y doy un paso atrás para interrumpir el ciclo.
- Negocio y le reitero a mi yo ansioso que no lo necesito.
- Se ha evitado un episodio adictivo de ansiedad, creando así nuevos patrones que funcionan bien a largo plazo.

Seamos sinceros, podría ser muy tentador aferrarse a la narrativa de la ansiedad. A corto plazo, me sentiría menos amenazado. Podría dejar de escribir y dedicarme a algo agradable. Sentiría menos presión. Podría evitar algunas de mis responsabilidades.

Sí, habría un impacto a corto plazo, pero ¿a qué coste?

Así que decido agradecerle a mi yo ansioso por estar presente hoy al comenzar este libro. Me niego con amabilidad a involucrarme demasiado con lo que ofrece y sigo adelante con mi propósito.

Interrumpo el ciclo antes de que empiece a parecer vicioso o incómodo.

Tú tienes el poder de hacer lo mismo.

Momento de reflexión

Ya que te he dado una pequeña idea de cómo funciona mi ansiedad, tengo algunas preguntas para que las consideres. Te animo a que dediques unos minutos y tomes algunas notas por separado si te resulta útil.

- ¿Alguna vez te has encontrado de manera consciente con tu yo ansioso (tomando tiempo de manera deliberada para conocer esa parte de ti)?
- ¿Alguna vez has intentado evitar esa parte de ti?
- ¿Alguna vez has considerado que la relación con tu yo ansioso puede ser dañina?
- ¿Alguna vez has explorado lo adicto que puedes ser a sus apariciones diarias (que prometen seguridad y protección contra cualquier daño o perjuicio)?
- ¿Alguna vez te has preguntado si esa parte de ti te intimida y si le tienes miedo?
- ¿Alguna vez te has preguntado si quien está al mando de tu vida eres tú o tu ansiedad?

Sé que estas preguntas son difíciles y podrían traer respuestas incómodas. Pero si vamos a trabajar para que dejes de depender de la ansiedad, debemos empezar por animarte a aceptar con valentía esa parte de ti.

Merece la pena recordar que quizá llevas años enganchado a escuchar los desvaríos y amenazas de tu yo ansioso, por lo tanto, conocerlo y comprenderlo es crucial.

TU YO ANSIOSO

Notarás desde el principio que me refiero a tu yo ansioso como una parte de ti con la que tal vez desarrollaste una dependencia dañina. Tu yo ansioso es, por supuesto, el *proceso* de la ansiedad, al que creo que muchas personas se vuelven adictas. A lo largo del libro, si me refiero a la ansiedad, al yo ansioso, a la parte con ansiedad o a los procesos de ansiedad, todos son lo mismo. Solo hay momentos en los que elijo usar un lenguaje apropiado para la parte del proceso en la que estoy trabajando.

Numerosos libros y modelos terapéuticos especializados en el tema (por el cual siento un profundo respeto) lo describen de forma muy diferente. Mi enfoque es distinto, basado en mis observaciones y hallazgos a lo largo de treinta años de experiencia clínica en salud mental y física.

Mi enfoque es una mezcla multifactorial de psicología, neurociencia, humanidad, fisiología y un grado de espiritualidad (en el sentido más amplio, no en el religioso).

Los seres humanos somos complicados. No hay una única solución. Necesitamos aceptar y conocer nuestras múltiples facetas. Y la ansiedad es una de ellas. Pero es una que causa verdaderos problemas a millones de personas.

Muchos libros útiles sobre el tema usan un lenguaje científico o neurocientífico, centrándose en la fisiología de la mente y el cuerpo. Muchos se centran en los errores de pensamiento como un factor de mantenimiento de la ansiedad. Algunos se centran en los comportamientos. Otros, en experiencias de vida.

He notado que el punto en común de la mayoría de los modelos que ofrecen tratamiento es que la ansiedad es **algo que *te* ocurre**. Aunque coincido con eso hasta cierto punto, no creo que sea la verdad absoluta.

Creo que tu papel de mantener tu ansiedad es más importante de lo que crees. Sé que es una revelación impactante, pero te lo explicaré.

Creo que muchas personas son adictas al proceso de ansiedad (que es su yo ansioso) porque promete seguridad, menos riesgo y protección.

Para mí eso tiene todo el sentido. Sé que no produce el mismo efecto que las drogas o cualquier otra sustancia, pero ¿por qué dejarías algo que promete protegerte?

Me refiero a la ansiedad como una **parte** humana de ti porque eso es exactamente lo que es. Si piensas en ella solo como un proceso mecánico o fisiológico dentro del cuerpo, ¡corres el riesgo de interactuar con ella como con un riñón o un pulmón! Se vuelve funcional, impersonal y algo con lo que no tienes ninguna relación.

No es así. ¡Tu yo ansioso tiene un arsenal de trucos y una personalidad propia! Su objetivo es ayudarte, pero con frecuencia te causa mucha angustia.

Puede conectar contigo a través de tus pensamientos, emociones, reacciones, comportamientos, cuerpo, espíritu y toda tu experiencia. Tiene su voz y forma de relacionarse contigo. Asimismo, tú tienes una manera de relacionarte con ella, y con frecuencia eso es adictivo.

- A veces la odias, pero no la dejas ir.
- A veces te aterroriza, pero aun así la escuchas.

- A veces sabes qué la alimenta, pero sigues dándole lo que necesita.
- A veces no tiene sentido, pero aun así le crees.
- A veces sabes que debes estar al mando, pero cedes ante sus exigencias.
- A veces eres adicto a ella.

La conclusión es que necesito que reconozcas y aceptes a tu yo ansioso.

¿CÓMO RECONOCERÁS A TU YO ANSIOSO?

Me refiero al yo ansioso como una entidad multifacética arraigada en tu ser. Esa es mi experiencia con la mayoría de la gente. La experiencia de la ansiedad de cada persona será diferente, pero con características comunes.

- Una persona puede preocuparse por muchas cosas. Otra puede centrarse en problemas de salud.
- Alguien puede experimentar mucha ansiedad física en el pecho. Otra tener síntomas estomacales.
- Alguien puede experimentarla por la mañana. Otra al acostarse.

En resumen, no hay una fórmula fija ni previsibilidad. A veces, incluso puede presentarse de forma diferente. Si se le permite, puede llegar a actuar por sí misma (de manera literal).

Antes de identificar sus aspectos clave, creo que hay que aclarar la diferencia entre ansiedad y estrés, pues confunde a la gente.

El estrés suele ser una respuesta interna a un estímulo externo. Por ejemplo, un día pierdes el autobús para ir al trabajo, tu jefe se enfada porque llegas tarde, recibes una llamada diciendo que uno de tus hijos está enfermo y, para colmo, llegas a casa y el perro ha hecho sus necesidades en la alfombra. Es normal sentir estrés en esos momentos y algunos síntomas podrían reflejar ansiedad.

La ansiedad tiene un sabor diferente. Habrá momentos en los que un episodio tal vez se relacione con un acontecimiento desencadenante. Pero hay otros momentos en los que no tiene sentido. Podría ser un desencadenante inconsciente. A veces llega como una ola sin previo aviso y, antes de que te des cuenta, estás atrapado entre sus garras. La ansiedad también puede ser continua, crónica y debilitante si no se trata.

Dividiré el reconocimiento de tu yo ansioso en cinco áreas clave en las que creo que es más prominente: **cuerpo**, **mente**, **sentimientos**, **comportamientos** y **energía**.

Cuerpo

Empiezo a propósito por el cuerpo porque, con frecuencia, ahí empieza todo.

Creo que nunca he trabajado con un paciente que no haya experimentado ansiedad en el cuerpo. Tal vez al principio no la reconozca, pero cuando lo hace, queda clarísimo. Esta reside en el cuerpo, así que es ahí donde suele manifestarse.

Recuerda que la ansiedad es un estado de alarma. Tu yo ansioso siente la necesidad de protegerte (más adelante exploraremos por qué). Por lo tanto, cuando se desencadena o surge un episodio, el cerebro envía una señal al cuerpo para prepararse ante una amenaza.

Seguro que conoces la teoría de pelear, huir o paralizarse. De manera básica, son los estados en los que el cuerpo se defiende, aunque con frecuencia de forma innecesaria.

El cuerpo se prepara para defenderse, huir o esconderse. No voy a extenderme en la teoría, ya que me interesa más que reconozcas los estados y, sobre todo, cómo te relacionas con tu cuerpo.

Por ahora, solo te invito a que reconozcas en qué partes del cuerpo se manifiesta la ansiedad. ¿En la cabeza? ¿La garganta? ¿El pecho? ¿La tripa? ¿La espalda? ¿El trasero?

Tal vez esté en otra parte. No importa. Solo necesito que sepas que el cuerpo contiene la ansiedad y te comunica que está presente. Si no aprendes a desactivarla en el cuerpo, se quedará ahí. Cabe destacar que muchos problemas de salud física están relacionados con ella. La mente y el cuerpo siempre trabajan en conjunto.

También necesito que seas consciente (por ahora) de que esa sensación es tan familiar que tal vez estés enganchado a su presencia y no quieras dejarla ir. Incluso, quizá de manera inconsciente, la invitas a volver. ¿Y por qué no? Resulta tentador que te mantenga a salvo. Es tan familiar como esas zapatillas viejas de estar en casa que no tirarás. A todos nos gusta la familiaridad, aunque sea incómoda.

Mente

Sabemos que la ansiedad, nuestra vieja amiga, habita en el cuerpo, pero una sola residencia no suele ser suficiente. Prefiere tener varios domicilios. Y la mente es una propiedad muy cotizada.

Si vives con cualquier tipo de ansiedad (generalizada, social, por la salud, pánico, TOC o fobias), sabrás que tu mente puede crear más contenido que cualquier celebridad de YouTube o TikTok. ¡Tienes más material que las Kardashian!

Los comentarios de la mente se ejecutan durante todo el día (y a veces en la noche) en piloto automático, creando todo tipo de pensamientos, preocupaciones, historias, fantasías, predicciones, escenarios catastróficos y las cosas más horribles.

En psicología, eso es, en términos generales, a lo que nos referimos cuando hablamos de sobrepensar y de la mentalidad del «¿Y si...?». Sabemos, gracias a la neurociencia, que la mente crea entre sesenta y ochenta mil pensamientos al día. Alrededor del setenta por ciento son de naturaleza negativa o temerosa. Si a eso le sumamos la ansiedad, tenemos contenido suficiente para consumir durante miles de años. Nuestras mentes son como salas de cine.

Por ahora, ser consciente de esa mente es clave. Pero primero quiero que te des cuenta de lo adicto que eres a su contenido.

La próxima vez que notes que tu mente con ansiedad se descontrola, observa también lo obsesionado que estás con la información que te proporciona. Ella crea un pensamiento y tú dices:

«Oh, por favor, cuéntame más».

«¿De verdad lo crees?».

«Tal vez tengas razón».

«¿Hay algo más que deba saber?».

«¿Y si hago esto o no hago aquello?».

«Perdón por hacer tantas preguntas, pero necesito saber más».

«Más, más, más».

Y así sigue... ¡Estás enganchado! Eres adicto al contenido que crea tu mente con ansiedad. Cuanto más te involucras, más creará con gusto. Eres un público cautivo para tu yo ansioso. Una vez, un paciente bromeó conmigo diciéndome que la relación con su mente con ansiedad ¡era como ver a dos personas chismorreando por encima de la valla del jardín!

La mía puede ser más como ver a Sherlock Holmes interrogando a un sospechoso. Busco la certeza. El porqué, el qué, el cómo, etcétera. Seamos sinceros, la ansiedad no tiene nada de «elemental»,

¡y tampoco mucha certidumbre! Pero la buena noticia es que puedes aprender a gestionarla.

Por ahora, solo sé consciente de la posibilidad de que seas adicto a otra parte de tu yo ansioso: la mente. Y a menudo, quiere tomar las riendas.

Sentimientos

Mencioné antes que la ansiedad rara vez se presenta como una emoción única.

He trabajado con miles de personas que luchan contra ella, y los sentimientos comunes que escucho son miedo, pavor, fatalidad, ira, frustración, impotencia... La lista es interminable.

Los sentimientos surgen cuando se despiertan las emociones. La activación emocional ocurre cuando algo en nuestro interior se dispara de manera consciente o inconsciente. Eso puede desencadenar una serie de cambios químicos, físicos, psicológicos y neurológicos que, a su vez, provocan cambios en el cuerpo y la mente (como ya sabemos). En consecuencia, eso provoca la manifestación de nuevos sentimientos. ¡Te dije que no era elemental!

No te sorprenderá saber que es fácil que nos familiaricemos con los sentimientos que experimentamos con la ansiedad y que podemos aferrarnos a ellos.

Casi podemos decir que hay una expectativa de que los sentimientos lleguen, pero también pueden convertirse en un medio para evitar la primera emoción: la ansiedad.

Suelo ver eso en los hombres; el mejor ejemplo que puedo dar es el sentimiento de ira. No pretendo generalizar. Eso se basa en gran medida en mi experiencia, como hombre que ha trabajado con muchos hombres, más que en una teoría clínica específica: es más fácil acceder a la ira y admitirla que a la ansiedad o a la tristeza.

También oigo a mucha gente decir: «Estoy abrumado», «exhausto», «agotado», en lugar de «tengo ansiedad». Es fascinante cómo categorizamos las emociones aceptables y conectamos más con ellas. Tal vez sea más fácil decir: «No soy yo, es mi trabajo, el estrés, mi situación, mi enfermedad lo que está causando todo». ¿Eso se convierte en otro método para evitar el yo ansioso?

Te recomendaría que reflexiones durante un momento sobre si eres consciente de si te aferras o te identificas demasiado con algunos de los sentimientos que mencioné (u otros) o si tienes una relación de ansiedad con ellos.

Una vez, una paciente me dijo que despertó sin sentir ansiedad ¡y se preocupó porque no la tenía! También vale la pena que consideres si prefieres algunos sentimientos en vez de sentir o admitir ansiedad.

Randal, un paciente, acudió a terapia pidiendo ayuda con su ira. Además, sufría de mucha ansiedad. Le costaba reconocerlo, pues lo consideraba una «debilidad» y no era apropiado que un hombre lo admitiera.

Se volvió muy apegado y adicto al sentimiento de ira (que era, en realidad, ansiedad) como un medio para afrontar y protegerse de cualquier posible riesgo o vulnerabilidad.

La cuestión es que podemos jugar con nosotros. Nos hacemos adictos a sentimientos relacionados con la ansiedad. Esperamos, incluso dependemos, de la sensación. Por otro lado, preferimos o nos apegamos a sentimientos relacionados con la ansiedad que parecen más «aceptables» que lidiar con ella.

Comportamientos

La ansiedad tiene un gran poder de control. Viene. Insiste en quedarse. Vuelve, te guste o no.

A la mayoría de la gente le resulta difícil. Sería millonario si recibiera una moneda cada vez que oigo a alguien decir: «Ojalá desapareciera».

Al identificar los comportamientos que fomenta tu yo ansioso, quiero que pienses en él como un visitante en tu hogar (tu espacio mental). Cuando llega, es muy consciente de que ya estás muy cargado. Tu cuerpo está preparado para la amenaza. Tu mente está a toda marcha. Hay muchos otros sentimientos presentes. Pero tiene más que ofrecer en forma de consejos sobre cómo comportarte, que es probable que escuches con frecuencia y respondas en consecuencia.

¿Hasta qué punto te resultan familiares estos rasgos conductuales, en especial cuando tienes ansiedad?

- Evitar situaciones, personas o acontecimientos
- Buscar seguridad
- Verificar la información
- Buscar certeza
- Adormecer sentimientos
- Distraer
- Supervisar
- Hipervigilar (estar en guardia)
- Pensar en situaciones catastróficas
- Tratar de predecir los resultados
- Intentar disfrazar tu ansiedad

Tal vez tengas otros.

La mayoría de los modelos de ansiedad se centran en el papel de las conductas de seguridad como uno de los factores clave para su proliferación. Sugieren abandonar estas conductas. Estoy de acuerdo con ellos; es una sugerencia sensata.

Ojalá fuera tan fácil. Solo dejaré este comportamiento que creo que me salvará del peligro (aunque la mente y el cuerpo estén en alerta máxima y digan lo contrario).

Como ocurre con todos los demás procesos que hemos identificado dentro de tu yo ansioso, el componente conductual es igual de adictivo.

En particular, es muy evidente en trastornos como el TOC. Una persona con TOC puede sentir la compulsión de llevar a cabo una conducta, de lo contrario cree que podría ocurrir algo terrible. Por ejemplo: «Si no reviso que cerré bien la puerta con llave cinco veces, podría ocurrir algo terrible en mi casa». Pero con la ansiedad cotidiana, las adicciones conductuales son igual de obvias.

He aquí algunos ejemplos de adicciones a conductas para evitar la ansiedad que oigo todos los días:

«Me sentiré mejor si no voy».

«¿Y si sale mal? ¡Es demasiado arriesgado!».

«Cancelaré, pero cambiaré la fecha».

«Solo lo haré si tomo unas copas antes».

«Lo intentaré en otra ocasión».

«¿Puedo corroborar la información antes de tomar una decisión?».

«Necesito centrarme en otras cosas ahora».

La lista es interminable, pero todos son comportamientos que el yo ansioso recomienda cuando te visita. Y es probable que te tomes ese consejo muy en serio: «Si mi ansiedad recomienda este comportamiento, eso es lo que debo hacer».

Eres adicto y dependiente a comportamientos que crees que te mantendrán a salvo. Sí, es cierto. Algunos comportamientos pueden reducir la ansiedad a corto plazo. A largo plazo, solo alimentan el ciclo.

Energía

Si has leído algún libro sobre la ansiedad, creo que es muy poco probable que te hayas encontrado este concepto. Me refiero a la fuerza energética de la ansiedad.

Somos seres vivos. Somos seres energéticos. La ansiedad altera nuestro estado energético. El estado energético de nuestras vidas influye en el estado de ansiedad. Están entrelazados.

Algunos podrían llamarlo espíritu, universo, karma, existencialismo, incluso religión. Esa no es mi área de especialización ni de interés en el contexto de este libro. Pero, tras treinta años de experiencia, soy consciente de que somos seres energéticos. Es fascinante que rara vez se mencione en el ámbito clínico.

¿Alguna vez te has preguntado por qué oímos a la gente describir que se siente desanimada, sin energía, vacía, aislada o agotada? ¿O, por el contrario, llena de energía, proactiva, emocionada o revitalizada?

He aquí algo que debes considerar: cuando estás con ansiedad, ¿cómo es más probable que te sientas?

Puedo predecir con absoluta certeza que la mayoría de las personas se identificarán tanto con estados de alta carga emocional como con estados de menor carga emocional. La diferencia radicará en que, en lugar de sentirte con energía, entusiasmo y vitalidad, cuando estés con ansiedad te sentirás sobrecargado, hiperactivo, alerta y listo para la batalla. Por supuesto, cuando el episodio de ansiedad termine, el cerebro dorsal te llevará a un estado de colapso (baja energía). Ambos estados son igual de adictivos y es muy fácil quedar atrapado en ellos.

Antes de que te preguntes si me adentré en territorio peligroso, te aseguro que no. Diez años trabajando con personas con enfermedades terminales cambiaron mi perspectiva sobre la vida y la condición humana.

Las personas y familias con las que he trabajado solían tener ansiedad, pero también vi avances que se produjeron con cambios energéticos. Eso solo ocurrió cuando la persona reconoció a qué energías nocivas se estaba aferrando.

En otras palabras, la forma en que vivimos influye en nuestros estados energéticos. Esto incluye:

- Nuestras prioridades.
- Nuestros valores.
- Cómo pasamos nuestro tiempo.
- Qué nos importa.
- Con quién compartimos nuestro tiempo.
- Cómo vivimos nuestra vida.
- Límites.
- Respeto a uno mismo, a la vida y a los demás.
- Vivir el momento presente.

La ansiedad es vivir en un estado de miedo. Existe en el pasado y en el futuro. El impacto en nuestro estado energético es innegable. Pero están entrelazados: vivir en un estado de baja energía es un factor que contribuye a una vida con ansiedad. Vivir en un estado de mayor intensidad hace lo mismo. La solución es mantener las energías equilibradas.

Parte de conocer a tu yo ansioso es sintonizarte con tu estado de energía para que puedas reajustarte cuando sea necesario.

Si no eres consciente de eso, se pierde algo muy importante.

Momento de reflexión

Te pido que te concedas un momento ahora que has experimentado otra faceta de tu ansiedad.

Intenta conectar con tu estado energético:

- ¿Cómo lo percibes?
- ¿Es una energía baja o alta?
- ¿Te sientes totalmente vivo o como si solo estuvieras existiendo?

Lo que descubras aquí está bien. No te juzgues. No hay nada correcto o incorrecto. Solo necesito que lo reconozcas y estés abierto a un cambio energético.

Es posible. Recuerda: un coche de gasolina no funciona si lo llenas con diésel. Tal vez sea necesario hacer algunos ajustes en el depósito de energía de tu vida. Y cada parte de este libro te ayudará a lograrlo, de manera directa o indirecta, a medida que avancemos en cada etapa.

¿CÓMO TE HA IDO?

Ahora que ya conoces las distintas partes de tu yo ansioso. Espero que reconozcas que hay un elemento de adicción comprensible en ellas. Quizá esta sea una revelación extraña y podría provocar todo tipo de reacciones:

- Tal vez te entusiasmen algunos de los nuevos conocimientos. Quizá sientas miedo.
- Puede que quieras comprender mejor tu ansiedad o abandonarla.

Aquí no hay nada correcto ni incorrecto. Recuerda, es solo el principio. Es tu primera cita formal con tu yo ansioso.

Pero quiero hacerte un recordatorio. Esta parte de ti es muy real. No se irá a ningún sitio. De verdad quiere ayudarte, aunque parezca una verdadera molestia.

Es una aliada, no una enemiga, pero necesitas conocerla y aprender a integrarla como una parte sana y funcional de ti.

La próxima vez que sientas ansiedad, tal vez quieras saludarla y considerar darle la bienvenida. No te sugiero que saques tu mejor vajilla todavía. Pero sí te animo a ser curioso y abierto a las lecciones que podría enseñarte.

Antes de cerrar este capítulo, necesito responder a una pregunta que seguro te estarás haciendo.

¿POR QUÉ TENGO ESTA ANSIEDAD?

Hay libros que cubren esta cuestión y no ofrecen una respuesta concluyente (con razón). Creo que es seguro decir que, para la mayoría, es multifactorial.

La evidencia y la investigación nos dicen que algunas de las posibilidades que influyen en nuestra naturaleza con ansiedad son:

- El ADN
- Experiencias de vida
- Influencia familiar, cultural o religiosa
- Trauma infantil
- Cambios en la vida
- Problemas de apego temprano o abandono
- Pérdidas
- Rasgos de la personalidad
- Grandes cantidades de factores externos de estrés
- Relaciones complejas
- Falta de seguridad

Es importante comprender por qué tienes ansiedad. Siempre fomento la curiosidad al respecto. Pero eso no cambia el hecho de que tienen ansiedad. Sí, entiende el porqué, pero no te obsesiones con ello.

Creo que la clave de la recuperación es, en primer lugar, reconocer la ansiedad y lo adicto que eres a sus procesos.

Dejar de ser adicto significa aprender a cambiar tu relación con ella y romper esos patrones. Ahora que conoces a tu yo ansioso, es importante comprender el componente adictivo en todo esto.

RESUMEN DEL CAPÍTULO

○ Hay una parte de tu humanidad a la que llamo tu yo ansioso. Conocer esa faceta (tus procesos de ansiedad) es esencial en este trabajo.

○ Encontrarás a tu yo ansioso en cinco áreas: cuerpo, mente, sentimientos, comportamientos y energía.

○ Tu relación con la ansiedad es clave. La mayoría de la gente la ve como un enemigo. Esa postura no es útil. Es una parte protectora útil.

○ Muchas personas, sin saberlo, se vuelven «adictas» a la ansiedad y a los factores que la alimentan.

○ Hay una multitud de razones por las cuales luchas con ella y te vuelves adicto.

○ Es posible dejar de ser adicto y recuperarse.

Pensamiento final

La serenidad solo llega cuando se tiene el valor para explorar el camino a la sabiduría.

2

Entiende la adicción
a la ansiedad

ADICCIÓN

Las personas se hacen adictas a sustancias o cosas que no siempre son malas en sí mismas. Si pensamos en las drogas recreativas, el alcohol, los medicamentos, la comida, los videojuegos, las apuestas, las compras e incluso el sexo, ninguna de ellas es terrible en sí misma. Se han vinculado atributos positivos a todas: pueden ser placenteras, entretenidas, distractoras, satisfactorias, reconfortantes o hasta útiles. Sería un error demonizarlas a todas.

Sé que tal vez estés arqueando una ceja en este momento y te preguntes si estoy apoyando las drogas y el alcohol como forma de vida. Claro que no. Pero tampoco voy a ser moralista ni daré sermones, descartando todo solo porque esté asociado con la adicción.

Por ejemplo, algunas drogas recreativas, con terapia, se usan en ensayos de investigación (en entornos controlados) como tratamiento para la ansiedad, la depresión y el trauma. ¡Quién lo hubiera dicho!

Hay quienes disfrutan del alcohol cuando socializan o se entretienen sin problema. Y, aunque parezca increíble, ¡hay quienes disfrutan del sexo sin complejos! Dicho eso, si eres irlandés, católico y gay, como yo, ¡tal vez tengas una opinión diferente! Alguien comentó hace poco que me tocó experimentar la santísima trinidad de la vergüenza en esa área. Me hizo reír y respondí con mi clásico lema de la vergüenza: «Si hace que te sientas bien, seguro que debe ser malo».

Sin embargo, mi planteamiento es serio. Es fácil criticar las sustancias o actividades asociadas con las adicciones. El problema suele tener que ver menos con la sustancia o la actividad, y más con la relación que una persona establece con la fuente de la adicción. Eso es lo que conocemos como dependencia. La persona se vuelve dependiente de algo como medio para afrontar, sobrevivir, escapar y evitar las heridas del mundo interior. La dependencia puede ser física, emocional, psicológica, conductual o química.

Hay muchas investigaciones sobre por qué una persona desarrolla hábitos adictivos y otra no. Los debates abarcan desde la naturaleza frente a la crianza hasta la dependencia química frente a la no química, la personalidad frente al ADN, etcétera.

Este no es mi tema de interés ni de investigación. La adicción es adicción. Mi enfoque es la recuperación.

Nunca he conocido a nadie con una adicción que no haya descrito episodios crónicos y prolongados de sentirse de estas maneras:

- Inútil, insuficiente o malo
- Ansioso o asustado
- Impotente
- Solo
- Incomprendido
- Abandonado
- Aislado
- Estancado emocionalmente

Creo que las personas no eligen la adicción *per se*; buscan una forma de escapar del dolor a través de la sustancia o el comportamiento, a menudo sin ser conscientes de las consecuencias hasta que se hacen dependientes.

La adicción, sea cual sea, proporciona una combinación de alivio temporal, placer, tranquilidad, escape o alguna forma de anestesia. Esto varía según el contexto.

Toda persona que es víctima de adicción sufre de maneras que tal vez nunca podamos comprender. Pero sí entendemos que la compasión ayuda a sanar.

Quiero que eso esté en el centro de nuestro trabajo mientras consideramos la naturaleza adictiva de la ansiedad.

ADICCIÓN A LA ANSIEDAD... ¿ES REAL?

Voy a ir directo al grano. Es probable que no hayas leído nada sobre la adicción a la ansiedad. No es un diagnóstico oficial. No es un tema de discusión en el mundo de las adicciones. En la actualidad no existen grupos de recuperación. No es un modelo que se discuta en la formación en psicología. No existen programas de doce pasos para esta adicción.

También soy muy consciente de que a algunos profesionales clínicos o personas que trabajan en el ámbito de las adicciones les puede incomodar que utilice la palabra *adicción* en un contexto diferente al habitual. Creo que es importante aclarar que mi postura no menoscaba ni falta el respeto al trabajo de nadie. Pero a veces es importante ver las cosas desde una perspectiva nueva.

Al considerar el título de este libro, surgió una sana discusión sobre si la palabra *adicción*, asociada a la ansiedad, resultaría ofensiva o molesta. Por supuesto, esa no es mi intención. Mi intención es brindarte esperanza y avances.

Dicho eso, debo ser claro. Durante la investigación para el libro, noté que, al explorar el componente adictivo de la ansiedad con pacientes o amigos, todos tenían una reacción similar de «reconocimiento».

Siempre había una pausa, una sonrisa burlona, algunos improperios, un momento eureka, pero también un reconocimiento y una comprensión total de la idea de quedar enganchado en el proceso de ansiedad. La adicción a la ansiedad tenía sentido.

Esto no es lo mismo que la teoría tradicional de adicción, pues no se limita a una sola cosa, sino a los procesos psicológicos de la ansiedad.

Creo que a veces es necesario arrojar nueva luz sobre la condición humana y los mecanismos psicológicos. Tal vez al principio no te resulte cómodo, pero eso no significa que esté mal. Sí, podría escribir una versión más seria de este libro sobre ansiedad, pero ¿por qué te haría pasar por la agonía de leerlo?

En el tratamiento convencional de las adicciones, una persona adicta debe, en última instancia, reconocer su dependencia y la necesidad de cambiar.

Creo que lo mismo ocurre con la ansiedad. También debes reconocer tanto tu dependencia como las formas en las que contribuyes a alimentarla. De igual manera, necesitas cambiar tu relación con ella.

Lo digo con buena intención y experiencia. No mejoré mi ansiedad hasta que me di cuenta de mi responsabilidad en la perpetuación de los patrones habituales. Además, desconocía mi relación negativa con ella. He visto eso en miles de pacientes.

Creo con firmeza que la adicción a la ansiedad es real. Solo que no se ha hablado de ella, y estoy seguro de que muchos de mis colegas estarán de acuerdo. Todos vemos a diario escenarios similares.

Solo te pido que consideres si estás abierto a abordar tu ansiedad desde un ángulo diferente y verla a través de otra perspectiva.

Todo aquí se basa en ciencia, experiencia y pruebas clínicas. Las únicas diferencias clave son el lenguaje y un fuerte enfoque en la propiedad y la relación con la ansiedad. Creo que es la única vía real para una recuperación duradera.

¿POR QUÉ LA ANSIEDAD ES ADICTIVA?

Como muchos saben, la ansiedad no es cómoda. El nudo en el estómago, la sensación de mareo, el miedo, la incomodidad, el agotamiento, el deseo de que el episodio termine… Incluso puede convertirse en pánico total.

Tienes razón al preguntar: «**¿Por qué narices me haría adicto a eso?**». Es una pregunta justa.

Esta adicción es diferente a otras, ya que no tiene el estímulo placentero más obvio ni las gratificaciones instantáneas.

Pero la principal similitud es que la ansiedad modifica tu estado de ánimo. Te lleva a un estado de alerta más intenso. Y la promesa es seguridad. Ese es el combustible de la adicción.

Si la comparamos con otras adicciones, destaca que todas cambian el estado de ánimo de alguien y vienen con una promesa secundaria. Pero la promesa de seguridad tiene algo muy poderoso. Es una necesidad primaria y, cuando no la sentimos, la buscamos o nos aferramos a algo que la promete.

Ese es justo el papel que cumple la ansiedad. Tu yo ansioso te promete, con todas sus acciones, que te mantendrá a salvo. Si no te sientes seguro por naturaleza, te aferrarás a ese patrón, por muy incómodo que te resulte.

Aprendemos a sentirnos cómodos con la incomodidad y, en cierta medida, dependientes.

¿CÓMO EMPIEZA LA ADICCIÓN A LA ANSIEDAD?

En la mayoría de las historias de adicción, existen narrativas con hilos conductores comunes:

«Empecé con unas copas a la semana».

«Empecé con el *cannabis* y luego ya no fue suficiente».

«Todo el tiempo me repetía que lo dejaría».

«No creía que fuera un problema».

«No estaba tan mal como otros adictos que conocía».

«Quería que la gente me dejara en paz y se ocupara de sus asuntos».

«No era para tanto».

Aquí es importante señalar que cuando consideramos tu adicción a los procesos de ansiedad, existen grandes diferencias en comparación con otros estados adictivos.

- No verás a una persona que sufre ansiedad buscando un camello en una esquina para conseguir su próxima dosis.
- No existe una dosis de ansiedad que todos los que la padecen deban tener.
- La persona con ansiedad no se despierta cada mañana pensando: «Necesito mi ansiedad de hoy».

La ansiedad no presenta la misma visibilidad ni dependencia evidente que otros estados adictivos. No hay *delirium tremens* (DT, temblores debido a la abstinencia). No hay señales visibles que lleven a sospechar de una adicción. No hay signos evidentes de abstinencia ni de recaída. Es un estado muy interiorizado. Es privado. Con frecuencia se oculta o se niega.

Quizá a veces se perciba que alguien tiene ansiedad, pero el observador no tendrá ni idea del tumultuoso mundo interior de quien la padece.

En resumen, una persona con ansiedad puede encontrarse en un estado interno de caos, pero aun así funcionar bien en la vida cotidiana. Es un estado solitario y encubierto.

SUELE EMPEZAR EN CASA (Y MÁS ALLÁ)

Val fue mi paciente hace unos años. Era bailarina profesional en teatro y televisión. Irradiaba confianza. Era brillante, vivaz, divertida y estaba aterrada.

El mundo veía a Val, la actriz del espectáculo, y los elementos ostentosos de su personalidad. Yo conocí su versión aterrorizada.

Creció en un hogar violento, que abandonó a los dieciocho para no volver nunca. Tenía una profunda carga traumática.

Describió sus primeros años como «una vida en un estado de terror interminable, siempre lista para escapar».

En nuestro trabajo juntos, reconoció su dependencia a los procesos de ansiedad como medio de supervivencia. Nunca se sentía segura. Siempre esperaba que la regañaran, criticaran, rechazaran o golpearan.

Su máscara y su protección era la personalidad vivaz y divertida que mostraba al mundo. Su adicción a la ansiedad era secreta.

Estaba a su merced por completo porque la veía como la única forma de sobrevivir. Se resistía a dejarla ir. La siguió hasta la edad adulta. Se volvió adicta a sus patrones.

De manera física, percibía en su cuerpo una «tensión eléctrica», como si estuviera lista para escapar. Cuando no lo sentía, se preocupaba. Sobrepensaba. Evitaba cualquier cosa que la hiciera sentir insegura. A veces bebía para calmar sus preocupaciones.

Por fortuna, se recuperó y aprendió a liberarse de su dependencia de los diversos aspectos de su ansiedad. Desarrolló una nueva relación con ella y reconoció que ahora estaba a salvo. Espero que puedas hacer lo mismo.

Creo que la mayoría de nuestras adicciones a la ansiedad comienzan en casa o en las comunidades que nos rodean al crecer.

Para ser claros, no se trata de culpar ni avergonzar a las familias; pero está bien documentado que la ansiedad, con frecuencia, es un problema familiar sistémico. Puede ser, en cierto modo, un asunto familiar.

La historia de Val es un ejemplo de eso. Pero hay otras variantes.

CUANDO EL AMOR Y EL MIEDO COEXISTEN

Si eres como yo, tal vez hayas crecido en una familia donde el amor y el miedo coexistían. El miedo en mi familia se debía principalmente a las preocupaciones obvias de seguridad inherentes a la vida en una zona de guerra. Aunque también había otros temores relacionados con el dinero, la seguridad y vivir una buena vida (la religión era muy importante).

¡Mi difunta madre limpiaba mucho la casa! Ahora me doy cuenta de que era su manera de controlar la ansiedad. Mi padre trabajaba mucho y a veces era evasivo. Era su forma de controlar la situación. No debió ser fácil criar a cuatro hijos en tiempos tan difíciles.

En general, el guion familiar tenía un matiz sutil: la vida estaba llena de incertidumbre y el mundo no era un lugar seguro. Así es como comienza la formación neurológica. En otras palabras, la evolución de los patrones de ansiedad.

Si a eso añadimos un entorno de violencia sectaria, dificultades económicas y la influencia de fuertes opiniones religiosas prejuiciosas, tenemos una receta para la adicción a la ansiedad.

Recuerda que la ansiedad es un proceso para mantenerte a salvo. Puede comenzar en casa o en entornos de tu infancia, pero si nunca cambias el guion, te acompañará. Cuanto más te alineas y la sigues, más adictiva se vuelve.

¿QUÉ PASA SI MI EDUCACIÓN FUE PERFECTA PERO AUN ASÍ TENGO ANSIEDAD?

Quizá perteneces a una pequeña minoría que tuvo una crianza «perfecta» y no comprendes tu ansiedad.

Hace poco trabajé con un paciente llamado Leon. Estaba muy ansioso por muchas cosas. Le preocupaba el trabajo, la salud, el futuro, el estatus, lo que los demás pensaran de él. Quería ser el mejor padre posible para sus dos hijos… Y la lista continúa.

Cuando conocí a Leon, me describió una infancia idílica en un pueblo rural. Fue hijo único. Sus padres fueron cariñosos. No experimentó ninguna adversidad ni trauma. Fue popular en el colegio. Fue un niño feliz. No recordaba ningún conflicto en casa entre sus padres.

Los primeros días de terapia fueron un desafío porque no estaba claro cómo entender su ansiedad y los rasgos dependientes que la rodeaban.

Su padre había fallecido tres años antes de nuestras sesiones, lo que, según él, exacerbó de manera considerable su ansiedad.

Tras varias semanas de terapia, Leon llegó un día a la sesión y se sentó en silencio. Después de un rato, lloró. Explicó que había visitado a su madre esa semana y le había contado sobre su viaje terapéutico para explorar su ansiedad.

Su madre se sentó con él y le explicó que ella sentía lo mismo. Compartió con él que solía sentirse enfadada y frustrada. El padre de Leon era un perfeccionista que no toleraba las dificultades. Quería que la familia siempre fuera feliz. Solía decir: «En esta casa no se permiten las quejas». Nunca se hablaba ni se expresaba nada. En cierto momento, le dijo a Leon: «No había mucho espacio para respirar».

Y allí estaba. No era perfecto. Era un hogar lleno de ansiedad. No había espacio para que nadie respirara.

Dentro de esa especie de «asfixia» familiar sistémica, Leon aprendió a desarrollar patrones de ansiedad que lo acompañaron hasta la edad adulta y, como la mayoría, se enganchó a ella.

¿Cómo sobreviviría si no? Necesitaba ser perfecto. No podía quejarse. No expresaba nada. La ansiedad lo había ayudado a sobrevivir sus primeros años. Su yo ansioso nunca se actualizó como adulto. Se volvió adicto a la ansiedad.

La terapia cambió eso para Leon y, al igual que Val, trabajó para liberarse de los patrones de ansiedad. Pudo respirar de nuevo.

¿POR QUÉ NO PUEDO DEJAR DE LADO LA ANSIEDAD SIENDO ADULTO?

Oigo mucho esta pregunta y hay dos maneras de responderla.

La primera es más obvia y pragmática: porque vivimos en un mundo estresante, lleno de amenazas y miedos.

Todos sabemos que la vida adulta trae consigo una serie de factores estresantes que pueden agravar la ansiedad:

- Preocupaciones financieras
- Hipoteca o alquiler
- Hijos o mascotas

- Enfermedades
- Asuntos familiares
- Envejecimiento
- Diferentes etapas de la vida
- Mayor responsabilidad
- Factores de estrés externos
- Rutinas ajetreadas
- Pérdidas
- Duelos
- El inevitable miedo a la muerte

Estoy seguro de que puedes añadir cosas a la lista.

Ya estás programado para la ansiedad (para estar alerta, atento, en guardia), pero la vida sigue presentando amenazas adicionales. Eso alimenta la adicción a los procesos de ansiedad. Observo a personas apegarse a ella como si fuera una manta protectora que nadie se atreve a quitarles.

La segunda forma de responder a la pregunta de por qué no puedes dejarla ir es más profunda: porque eres adicto a un proceso que crees necesario para mantenerte a salvo.

Quizá la información que se introdujo en tu proceso de ansiedad nunca se haya actualizado. En otras palabras, cuando se desencadena la ansiedad del trauma temprano puede percibirse igual de real en el presente. Es así como se ve:

Un niño sufre acoso escolar. El impacto es significativo, pero nunca se ha abordado (procesado). El adulto se enfrenta a un jefe difícil en el trabajo. Su ansiedad se dispara, pero no comprende del todo por qué. La respuesta es simple: su sensación de amenaza nunca se ha actualizado. Reacciona como el niño acosado.

Tengo la teoría de que la mayoría de las personas llegan a la edad adulta sin resolver sus problemas de la infancia. Por lo tanto, la ansiedad acompaña el viaje, como un técnico de sonido que sigue a una banda de pop.

La dificultad radica en que, como adultos, con frecuencia nos enfrentamos a situaciones que requieren cierto grado de racionalidad e inteligencia emocional. A veces, la ansiedad puede anteponerse a eso. Muchos lugares de trabajo tienen la dinámica de un patio de recreo, sobre todo si son entornos estresantes.

En ocasiones, bromeo diciendo que intentar que alguien se desenganche de sus hábitos de ansiedad en terapia es como ver lucha libre. El paciente hará todo tipo de movimientos. He aquí algunos ejemplos:

- El terapeuta le sugiere al paciente que empiece a dejar algunas conductas de seguridad que le generan ansiedad. El paciente se siente ofendido porque el terapeuta no comprende lo difícil que es para él y porque no se siente escuchado (evitación).
- El terapeuta le sugiere al paciente que los pensamientos no son hechos. El paciente argumenta que no está dispuesto a correr ese riesgo. ¿Cómo lo sabe el terapeuta con seguridad? (necesidad de certeza).
- El terapeuta sugiere usar técnicas de respiración para calmar el sistema nervioso. El paciente cree que esto es pura palabrería (resistencia).

Es una lucha de muchos movimientos, pero con el tiempo el paciente se da cuenta de las buenas intenciones del terapeuta y por fin se rinde (la mayoría de las veces). Si decide no hacerlo, la relación adictiva con la ansiedad continúa.

Con frecuencia escuchamos la palabra «rendición» en el mundo de las adicciones. Aquí es lo mismo. Este trabajo es un acto supremo de rendición. Te resistirás a lo que digo. Pero te insistiré con compasión, porque rendirte a estos patrones adictivos es tu camino hacia la transformación. ¡Aquí debo tener cuidado para no evocar imágenes de mí como el Hulk Hogan del mundo de la terapia!

Volvamos a la acumulación de ansiedad en la edad adulta. Espero que este efecto de bola de nieve te resulte comprensible.

Así es un proceso típico desde el reconocimiento hasta la recuperación:

- Al principio aprendiste a sentirte ansiedad.
- Se convirtió en un hábito.
- Te aferraste a él.
- Cuantas más dificultades o desafíos te presenta la vida, más obligado te ves a ceñirte a esa costumbre.
- Desarrollas una relación adictiva y habitual con la ansiedad.
- Esta influye de manera negativa en tu vida.
- Quieres romper con el hábito.
- Empiezas a comprender tu relación con la ansiedad.
- Empiezas a adaptarte y a hacer cambios.
- Tu relación con ella cambia.
- Tus síntomas empiezan a mejorar.
- Te desenganchas del proceso de ansiedad; rompes el hábito.
- Recuperas tu vida.
- Eres libre.

¿EN REALIDAD PUEDO ROMPER EL HÁBITO?

Sin duda, creo que es posible recuperarse de la ansiedad. La razón principal por la que la planteo en el contexto de la adicción es que puede ser tan grave y debilitante como esa enfermedad. «Engancharse» a la ansiedad presenta muchas similitudes con las adicciones convencionales.

Dondequiera que voy, oigo que la ansiedad se minimiza o se malinterpreta. De igual manera oigo a la gente normalizar y minimizar la suya: «Soy así».

¡No! ¡No! ¡No! ¡La ansiedad no debe minimizarse! ¡Y no te define! Una vida con ansiedad es una vida incómoda y en realidad no tiene por qué ser así.

Es un hábito que desarrollaste y al que te apegaste (adicción) para sentirte seguro. Pero no te mantiene seguro. Te limita la vida. No eres tan libre como podrías serlo, pero eso puede cambiar.

¿CÓMO SÉ QUE SOY ADICTO A LA ANSIEDAD?

Ahora llegamos a la gran pregunta.

Es bien sabido en el mundo de la recuperación y la adicción que una persona solo puede recuperarse cuando reconoce y admite que existe «un problema».

Nadie puede responder esa pregunta por ti. Pero estas cuestiones podrían ayudarte a decidir. Considera las siguientes afirmaciones y califícalas con **Siempre**, **A veces**, **Casi nunca** o **Nunca**.

1. Experimento síntomas físicos en el pecho, el estómago, la cabeza, la garganta o el cuello que no están relacionados de manera directa con otro problema de salud.
2. Tengo la mente acelerada y sobrepienso muchas cosas.
3. Tengo muchos otros sentimientos además de la ansiedad.
4. Intento controlar las situaciones lo máximo posible.
5. Evito situaciones que me producen ansiedad.
6. Pienso lo peor en muchas situaciones.

7. La ansiedad afecta a mi vida diaria.

8. Afecta a mis relaciones.

9. Me he dado cuenta de que mi estado de ánimo puede ser bajo y tener una sensación de agotamiento.

10. Me preocupa la muerte, morir o lo que viene después de la vida.

11. Creo que la preocupación me mantiene a salvo.

12. Me resulta difícil dejar ir las cosas.

13. Busco formas de deshacerme de los sentimientos de ansiedad.

14. Intento ocultarla o disfrazarla.

15. Me siento inseguro.

16. Mi ansiedad es un hábito a largo plazo.

17. Tengo una relación negativa con ella.

18. Siento que no tengo el control.

19. Busco certeza siempre que puedo.

20. Creo que mi ansiedad es lo que soy.

21. Siento ansiedad por algo.

Si respondiste **Siempre** o **A veces** a diez o más de las preguntas, existe una gran posibilidad de que tengas una relación adictiva con tu ansiedad que requiere atención.

Si respondiste **Siempre** o **A veces** a menos de diez preguntas, puede haber componentes adictivos y obtendrás beneficios al leer el libro. Solo significa que la intensidad podría ser menor para ti.

Ten en cuenta que yo elaboré esta escala y no constituye un diagnóstico clínico de un trastorno de ansiedad ni de una adicción. Su uso es solo orientativo para que reflexiones sobre tu relación con la ansiedad y la gravedad de tus síntomas.

¿QUÉ VIENE AHORA?

En esta etapa tienes la oportunidad de detenerte y considerar qué significa todo esto para ti.

Hace muchos años me puse furioso cuando mi terapeuta señaló que yo estaba agravando algunos de mis problemas. Yo quería creer que mi lucha y sufrimiento se debían a que había vivido momentos difíciles. No quería oír que me había enganchado a patrones negativos y procesos perjudiciales, como la ansiedad. Pero esa era la verdad. ¡La principal causa de mi ansiedad era yo!

A estas alturas ya reconoces lo siguiente de tu ansiedad:

- Es un hábito que te cuesta abandonar.
- Es adictiva en partes.
- Está influyendo en tu vida de manera negativa.
- Está interfiriendo en tu vida.

Si es así, te animo a que sigas leyendo.

Soy consciente de que tal vez no estés de acuerdo con algunas cosas que digo… o que no estés preparado para escucharlas. No pasa nada. No hay presión ni prisa. Si no es ahora, siempre habrá otro momento.

Así que, si eres o no adicto a la ansiedad, da igual. Puedes llamarla como quieras. La llamo adicción no para sobrepatologizarla, sino para expresar la importancia de tu relación con ella y la naturaleza habitual de su presencia en tu vida.

Solo te pido que consideres la posibilidad de que existen otras formas de abordar esto que podrían serte más útiles. Tú decides. Pero espero que hasta aquí me hayas entendido.

El siguiente capítulo tiene más miga, ahora que llegamos a la parte interesante. Nos centraremos en ti.

RESUMEN DEL CAPÍTULO

○ La adicción en sentido general tiene más que ver con la relación con una sustancia o actividad y la dependencia a ella que con la adicción en sí.

○ La adicción a la ansiedad es real, aunque no constituye un trastorno de diagnóstico formal. Se trata de la dependencia a un mecanismo psicológico que promete seguridad o minimiza el riesgo.

○ Esta adicción comienza en los primeros años para la mayoría de las personas, pero existen múltiples factores que contribuyen a ella.

○ Si no se aborda, el hábito se consolida a medida que los acontecimientos de la vida se suman a los factores estresantes y crece la sensación de inseguridad o de falta de control.

○ Romper el hábito es posible.

○ Revisar tu relación con la ansiedad y la gravedad de los síntomas es crucial.

○ Una vida más tranquila y feliz es posible.

○ El deseo de cambiar y la voluntad de trabajar para lograrlo son parte de la recuperación.

Pensamiento final

Los hábitos se aprenden.
Es importante saber que también
se pueden desaprender.

3

Tú

En esta etapa, nos centraremos en **ti** y en tu papel de seguir perpetuando tu ansiedad. Ya comprendes a tu yo ansioso. Ya lo has conocido. Entiendes los elementos adictivos de la ansiedad y sus procesos. Ahora la cosa se pone interesante. En este capítulo todo gira en torno a ti.

Sé que a veces tal vez no te guste lo que digo. Este es el capítulo en el que podría irritarte un poco. Puedo oír los insultos en mi mente:

«¡Este #!@*%&* terapeuta!».
«¿Es en serio, maldito #!@*%&*?».

Y así...

No te preocupes, ya he oído de todo. Entiendo la reacción y la frustración de alguien que te señala que eres parte tanto del problema como de la solución. Creo que eso se aplica a cualquier adicción.

Pero te prometo que mis intenciones son buenas. Si no te señalo este aspecto de la adicción a la ansiedad, no estaría siendo honesto. ¡Te estaría fallando en ayudarte de maneras que sé que funcionan!

Las palabras superficiales o la terapia pueden hacer que te sientas bien en el corto plazo, pero te prometo que es poco probable que te lleven a un lugar de libertad a largo plazo.

Recuerdo un momento en mi consulta cuando le señalé con delicadeza a una paciente, Jolene, lo apegada y adicta que era a los procesos que alimentaban su ansiedad.

Su reacción fue una especie de «¡Cómo te atreves!». Estaba enfadada conmigo por sugerir que ella podría ser parte del problema. ¿Acaso no entendía sus antecedentes, su historia, las razones por las que tenía ansiedad? Ella no *eligió* tener ansiedad. ¿Por qué alguien elegiría eso? De verdad no le gustó lo que decía. Pero eso era bueno para mí.

Me di cuenta de que estaba molesta con la sugerencia. Decidí darle tiempo para que lo procesara y pudiera desahogarse conmigo. Entonces intervine, le pedí que se parara a pensar un momento y le recordé mi deseo de ayudarla. Después le sugerí que considerara algunas cosas:

- ¿Me estás diciendo que pasas tiempo de manera regular trabajando con tu cuerpo y tu respiración para desactivar la sensación de amenaza cuando tienes ansiedad o estás a punto de sentir ansiedad?
- ¿Me estás diciendo que no recurres a conductas que sabemos que empeoran tu ansiedad, por ejemplo, evitar situaciones, buscar tranquilidad, querer tener certezas y beber en exceso?
- ¿Me estás diciendo que estás trabajando de manera compasiva con todas esas otras emociones que surgen junto con tu ansiedad?

- ¿Me estás diciendo que te estás desconectando más de tus pensamientos y los estás viendo como «solo pensamientos»?
- ¿Me estás diciendo que estás trabajando con la energía de la vida y confiando en **lo que es**, en lugar de en **lo que quieres que sea**?

Se quedó en silencio durante unos minutos. Por supuesto, en ese momento sabía que Jolene no se hacía responsable de nada de eso. Solo quería librarse de su ansiedad y buscaba una solución rápida conmigo.

Nunca es un momento fácil en terapia cuando, de manera figurada, le pones un espejo a alguien. Pero hasta que pudiera hacerle ver lo adicta que era a su ansiedad y a todo lo que la alimentaba, seguiría estancada. De igual manera, necesitaba que empezara a asumir cierta responsabilidad.

En mi experiencia, esa es la única forma. Tú eres el camino a seguir. Yo solo soy un guía.

Al final, Jolene lo logró. No sin tropiezos y momentos llenos de frustración, pero se presentó con valentía e hizo su trabajo.

La libertad solo pudo llegar cuando decidió mirarse. Es lo mismo que tienes que hacer tú.

Podría escribir un libro entero para ayudarte a comprender la ansiedad y sus componentes adictivos, pero ¿qué sentido tendría si no conduce a cambios y a mejores resultados?

Y ahí es donde entras **tú** y por eso necesito que **te involucres**. En esencia, necesito que firmes y te comprometas con este trabajo.

En la siguiente sección del libro (Rompe el hábito), explicaré con más detalle los patrones adictivos a las distintas partes de tu yo ansioso. Y lo más importante: también te guiaré sobre cómo romper esos patrones. Esa es la parte del trabajo para superar la adicción. Pero antes seguir adelante necesito quedarme contigo un poco más y explicarte lo que se requiere de ti.

La mejor forma en que puedo explicar esto es comparándolo con inscribirse en el gimnasio con un entrenador personal, ¡si es que alguna vez has tenido el placer!

Contratar a un entrenador personal no será suficiente. Sí, te puede explicar todo sobre dietas, estilo de vida, ejercicio y lo que debes hacer, pero si no estás preparado, no tiene sentido (me he enfrentado a eso varias veces). Aquí es igual. Necesito tu apoyo en seis áreas que llamaré fundamentos.

Los seis fundamentos son esenciales en el camino hacia la recuperación. Son la base de una plataforma estable que fortalece tu posición y te mantiene centrado. No son intervenciones específicas en sí; considéralas como una capa que envuelve todo tu trabajo.

LOS SEIS FUNDAMENTOS

1. Reconocer y aceptar los componentes adictivos de tu yo ansioso.
2. Asumir tu parte de responsabilidad en la recuperación.
3. Modificar tu estilo de vida para favorecer la recuperación.
4. Relacionarte con tu yo ansioso con compasión y sin juzgarlo.
5. Aceptar que **no** eres impotente.
6. Aceptar la ansiedad como un estado temporal.

Reconocer y aceptar los componentes adictivos de tu yo ansioso

Creo que cualquiera que trabaje en el mundo de la psicología o el crecimiento personal estaría de acuerdo conmigo en que el reconocimiento y la aceptación de un problema es un prerrequisito para la recuperación.

Soy consciente de que antes de leer este libro es posible que no hayas considerado importante reconocer o aceptar tu ansiedad, y mucho menos sus componentes adictivos.

Sabemos, gracias a investigaciones en diversos aspectos de la psicología, que ambos son importantes. Empezaré por el **reconocimiento**.

La mayoría de las personas que luchan contra la ansiedad son muy conscientes de los síntomas, pero rara vez se detienen a reconocerla o a analizar cómo responden a ella. Se suele caer en el piloto automático y seguir adelante a pesar de todo.

El problema aquí es que el ciclo nunca se interrumpe, de ahí el término «círculo vicioso». Reconocer tu ansiedad y ser consciente de tus reacciones típicas es fundamental. Eso te permite darte un espacio de ella para que puedas responder de forma más saludable.

La ansiedad puede ser como un niño terco que tiene un berrinche. No se rendirá hasta que reciba algún reconocimiento o respuesta. Al reconocerla, solo le estás diciendo a esa parte de ti: «Sé que estás aquí y te voy a cuidar».

Esa acción puede ser un antídoto poderoso. Al reconocerlo, tu yo ansioso no se siente solo ni abandonado. Es consciente de que lo reconoces. Esperará tu respuesta. Su fuerza se sentirá menos feroz.

Imagínate a alguien decidido a llamar tu atención en el trabajo mientras estás sentado en tu oficina.

Golpea la puerta, pero lo ignoras. ¿Qué crees que hará? Sí, quizá siga hasta que le abras. Incluso si decide retirarse, volverá si está decidido.

La ansiedad no es muy distinta. Es insistente. Tiene un papel que desempeñar: protegerte. Se toma su papel muy en serio y aprovechará cualquier oportunidad para influir en ti.

Reconocerla es una de tus nuevas maneras de lidiar con ella. Antes, tu respuesta adictiva era huir; ahora vas a romper ese patrón al reconocerla. «Hola, yo ansioso, sé que estás aquí. Gracias por venir».

Respira de nuevo para asimilar eso. Sí, leíste bien. Reconoce y agradece a tu ansiedad que aparezca.

Sé que parece una sugerencia disparatada y contraria a lo que harías. Pero es imprescindible. Estás avanzando hacia tu ansiedad, no huyendo de ella. Esta es la base para superar tu adicción.

★

En mi trayectoria como terapeuta, he observado cómo la **aceptación** es un área que puede generar mucha tensión en la sala. Lo he escuchado miles de veces:

«¿Qué quieres decir con "aceptación"?».
«¿Por qué debería hacerlo?».
«Eso no tiene sentido».
«No puedo».
«No lo haré».

También he notado las miradas de sospecha, frustración, confusión e incluso enfado cuando me acerco a esa zona.

En el contexto de nuestro trabajo conjunto en este libro, te pido que consideres aceptar dos cosas:

1. La ansiedad es un problema en tu vida.
2. Eres adicto a procesos de ansiedad que alimentan el problema.

No es mucho lo que te pido (es broma, para quienes estén a punto de lanzar el libro a la pared). Es una petición enorme.

Te pido que aceptes algo que es probable que ni siquiera quieras reconocer. Te pido que aceptes una parte de ti que tal vez hayas negado, abandonado, rechazado, anestesiado, hasta repudiado o incluso huido de ella.

¿Por qué demonios te pido que la aceptes? Porque es la única opción.

La negación, resistencia, evitación, supresión o ignorancia nunca se han observado en ninguna investigación para tratar la ansiedad con éxito.

Comenzamos a facilitar el proceso de curación cuando aceptas esa parte de ti y lo adicto que eres a sus patrones y mecánicas.

Desearía poder ofrecerte un atajo, pero en mi experiencia no existe ninguno. Para sanar debes estar dispuesto a reconocer y aceptar.

Aceptar no es un signo de debilidad ni de rendición. Te sugeriría que lo pienses como una forma de estar abierto a conocer una parte de ti, pero con una actitud totalmente nueva.

Una vez escuché cómo un paciente de un grupo describió al yo ansioso comparándolo con conocer al «hijo pródigo», como se describe en la Biblia. Una especie de hogar acogedor para una parte de uno mismo que ha estado ausente sin avisar durante mucho tiempo.

La aceptación es la disposición a trabajar con esa parte de ti. Conócela. Hazte su amigo. Enmienda lo necesario. No es casualidad que los programas de doce pasos para tratar la adicción incluyan reparar los daños contra los demás. Vamos en la dirección opuesta. La aceptación en nuestro trabajo es resarcirte a ti.

Creo que es importante mencionar que es muy normal si esta parte del libro te está generando dificultades. Te estoy llevando en una dirección que puede parecer inimaginable o impensable.

Si tienes escepticismo, dudas o preguntas, tómate tu tiempo y espacio para resolverlas. Continuar sin esto sería como hacer volar un avión sin el combustible adecuado.

Tu yo ansioso necesita tu reconocimiento y aceptación. Eso no es negociable.

Asumir tu parte de responsabilidad en la recuperación

Cuando se lucha contra la ansiedad, es muy normal desear que alguien te dé algo para aliviarla. Por eso (en parte) las empresas farmacéuticas, los gurús, los cursos comerciales y todo tipo de pastillas y remedios tienen tanto éxito en este ámbito.

Estoy seguro de que todo eso puede tener valor, dependiendo del contexto, pero me opongo a la promesa de una cura.

No existe cura para la ansiedad porque no es algo que necesite curarse. Tu dependencia adictiva del mecanismo de la ansiedad y sus procesos es lo que requiere atención. Estamos trabajando para recuperarnos de eso.

Puedo decir con seguridad que quien va a liberarse de una relación disfuncional con la ansiedad eres tú. Todos los demás involucrados son solo una ayuda, una guía o un apoyo.

Me frustra oír sobre tantas «curas» vacías, carentes de fundamento y sin pruebas que prometen rescatarnos a todos de la ansiedad.

Una vez hice una sesión en un tanque de flotación que prometía un estado de felicidad y calma después de sesenta minutos o me devolvían el dinero. Estoy seguro de que eso puede ser relajante para algunas personas. No lo fue para mí.

Sentí claustrofobia en el contenedor, que parecía un ataúd. Tomé la imprudente decisión de girar bocabajo, lo cual, al parecer, es un «no» rotundo en el mundo de la felicidad de la flotación. Bueno, pronto descubriría por qué.

Tragué agua con sales de Epsom sin querer y no me di cuenta cuando me entró agua en los ojos. La música de fondo parecía de una película de terror. Para colmo, no encontraba la luz. Fue un drama, y al final tuve que pulsar el botón de pánico. Fue muy vergonzoso.

Salí con mal aspecto y acabé sentado en la sala de espera con un té de menta, oyendo a alguien decirme que mi inconsciente se resistía al proceso (no sabía a qué me dedico).

Comparto esta historia porque me sentí decepcionado por no haber alcanzado el estado de calma prometido en el sitio web.

¿Y cuántas veces ocurre eso, cuando una promesa de calma, de cura, de redención o lo que sea, no se cumple? Nos enfadamos y nos frustramos porque no nos han rescatado.

Ciertas intervenciones, sistemas de apoyo, dispositivos, cursos, terapias y libros pueden ayudar. Pero, en última instancia, la responsabilidad de recuperarse y retomar la vida es tuya.

Es difícil oír esto, créeme, lo sé, pero cuando lo sabes y estás dispuesto a esforzarte, de repente te sientes empoderado. Estás al mando. Te vuelves responsable ante ti.

Asumir la responsabilidad no es un concepto terapéutico negativo. Te otorga las llaves de la libertad.

Modificar tu estilo de vida para favorecer la recuperación

Prometo no sermonear. Dicho eso, aquí te dejo algunos recordatorios sobre el papel del estilo de vida en la adicción a la ansiedad.

Ya mencioné que la ansiedad es multifactorial. Como sabes, estamos analizando su naturaleza adictiva. El estilo de vida puede contribuir a la adicción, exacerbando el problema.

No quiero ser demasiado prescriptivo sobre qué hacer y qué no hacer, ya que cada caso es muy personal. Solo quiero ofrecer algunas ideas para la reflexión sobre los ajustes que debes considerar. Algunas de esas áreas se abordarán con detalle más adelante, a medida que exploremos intervenciones que ayudan a romper estos patrones.

En mis muchos años de práctica clínica, estos son los estilos de vida que tienden a agravar la ansiedad en la mayoría de las personas. De manera irónica, también son adictivos o problemáticos.

Detente y considera si alguna de las siguientes opciones de estilo de vida te resulta familiar:

- Mala alimentación (alta en grasas y azúcares)
- Falta de ejercicio
- Mala higiene del sueño
- Falta de límites
- Relaciones poco saludables
- Equilibrio laboral y personal deficiente
- Exceso de alcohol
- Gestión del tiempo desorganizada
- Decisiones caóticas
- Consumo de estimulantes como la cafeína
- Exceso de concentración en el trabajo
- Mala planificación
- Exceso de tiempo frente a pantallas
- Descuido de la salud y del bienestar general
- Restar prioridad a las necesidades propias
- Dependencia de drogas u otras sustancias
- Comer para sentirse mejor
- Falta de descansos o tiempo de inactividad regulares

Y demás…

Si notas que muchas de esas opciones te resultan familiares, tal vez valga la pena considerarlas en el contexto de tu recuperación.

Si esas opciones están agravando tu ansiedad, es obvio que los cambios o ajustes ayudarán a aliviar los síntomas.

La ansiedad se alimenta de muchos aspectos de tu vida. Por lo tanto, no puede tratarse de forma aislada. Pero no lo veamos como algo negativo. Todos esos cambios beneficiarán, sin querer, muchas otras áreas de tu vida, tanto de manera física como mental.

¡Un cambio de estilo de vida puede contribuir a una vida con estilo! Disculpa el cliché cursi, pero no he podido resistirme.

Relacionarte con tu yo ansioso con compasión y sin juzgarlo

Calculo que existe la posibilidad de que muchas personas que lean este libro tengan dificultades con la autocompasión y con no juzgar, sobre todo en relación con su ansiedad.

Puedo oírte preguntar: «¿Qué demonios significa eso?». De nuevo, voy a explicarlo de una manera sencilla.

Toda la investigación sobre la autocompasión muestra resultados muy favorables para un mayor bienestar mental. Creo que no juzgar es parte de la autocompasión.

En resumen, ¡se trata de no hacerte pasar por un mal momento! Casi todos los pacientes que conozco que luchan contra la ansiedad muestran altos niveles de autocrítica, autojuicio o autodesprecio.

Oigo con mucha frecuencia:

«¿Qué me pasa?».
«Soy un idiota».
«Si la gente supiera».
«Odio ser así».
«Soy una vergüenza».

Ya te imaginarás cómo suena eso en la mente de alguien durante un episodio de ansiedad. Es probable que también se extienda a otros ámbitos de la vida.

¿Crees que esta es una forma útil de conectar con tu yo ansioso? Supongo que no.

Piensa durante un momento en alguien a quien amas que esté luchando con la ansiedad. Imagina que te acercas y le dices:

«Contrólate».
«Eres un idiota».
«Supéralo».

Creo que puedes imaginar el efecto que eso tendría, así que, vayamos directo al grano. Si no le hablarías a otra persona de esa manera, ¿por qué es aceptable hablarte a ti así?

La autocompasión y no criticarte son ingredientes innegociables en nuestro trabajo conjunto. Sin ellos, la recuperación es imposible.

Tu yo ansioso no necesita que lo acoses, requiere tu compasión y comprensión. Sé que para muchas personas eso será otro patrón adictivo y habitual que tendrán que dejar ir.

Aceptar que NO eres impotente

Muchos programas de doce pasos plantean que el adicto es impotente ante su adicción. También se centran en la entrega del control a un poder superior.

Aunque exploramos la ansiedad desde la perspectiva de sus componentes adictivos, no seguiremos el camino de la «impotencia». Esto no es una crítica a estos programas que han transformado millones de vidas. Funcionan para muchas personas con adicción.

Una actitud de «eres impotente» ante la ansiedad no es útil, simplemente porque no lo eres. Por supuesto que a tu yo ansioso le encantaría eso porque tomaría las riendas. Eso nunca te servirá de nada.

Tú tienes el control. La ansiedad solo intenta protegerte. No tiene el control. Reconocer que no eres impotente y que puedes retomar el control de tu vida es clave.

Recuerda que los síntomas que genera la ansiedad son incómodos, por lo que es fácil sentir la necesidad de aceptarla. No es así. No tienes por qué hacerlo y eso es algo que aprenderás a medida que avancemos. Es muy posible desactivarla cuando se desencadena. Solo se trata de saber cuándo está presente y qué hacer.

Por ahora quiero que te concentres en el hecho de que no eres impotente. Cada vez que surja un episodio de ansiedad, tu mantra puede ser: **No soy impotente**. Si prefieres una afirmación positiva, piensa: **Tengo el control**.

Solo repite eso una y otra vez durante unos momentos para reforzar de manera psicológica esta nueva consciencia y ayudar a calmar parte del ruido en la mente.

Creo que si trabajas con la premisa de que eres impotente, corres el riesgo de sentirte desempoderado. Aunque eso suena contradictorio con algunas de mis ideas sobre «soltar» (de las que leerás mucho), no lo es. Es un marco importante con el cual trabajar al relacionarte con la ansiedad.

No eres impotente. Solo necesitas actualizar a tu ansiedad sobre su papel y lugar en tu vida.

Aceptar la ansiedad como un estado temporal

Para aquellos que conocen bien a nuestra amiga la ansiedad, ¿alguna vez tienen momentos en los que piensan que sus visitas nunca terminarán? Puede ser como el invitado en tu casa que no interpreta las señales que le indican que es hora de irse (aunque ya hayas mandado a dormir al perro, cerrado las persianas, retirado su taza o vaso y empezado a cerrar con llave para pasar la noche).

Los episodios de ansiedad (ya sean breves o crónicos) se viven como un maremoto que puede dejarte por completo debilitado. No es sorprendente, en realidad, si piensas en las opciones que ofrece: luchar, huir o paralizarse.

Pero el peligro es que te sumerjas en la experiencia, creyendo que nunca terminará, lo que, por supuesto, perpetúa la situación aún más. Pero siempre pasa. Siempre hay un final. Es un estado temporal. A menudo no hay peligro real. El episodio no te matará. Es probable que ninguna de las catástrofes que imaginas ocurra. Por lo general no hay necesidad real de contraatacar, correr ni esconderse en el armario.

Suele ser una falsa alarma. Tu yo ansioso ha exagerado un poco, sobreestimando de nuevo la amenaza y, después, ¡se escabulle de nuevo, como un ratón que no encuentra más queso en la despensa!

Te invito a que, de ahora en adelante, mantengas esta consciencia presente (de manera literal y metafórica, para los neurocientíficos). La ansiedad es un estado temporal.

Cada vez que te aceche, invada, persiga y moleste, detente y recuerda: esto no es permanente. Esto también pasará.

Momento de reflexión

A medida que nos acercamos al final de este capítulo y de la primera sección del libro, me gustaría animarte a dejarlo por un momento y hacerte estas preguntas:

- ¿Ahora comprendo mejor mi ansiedad?
- ¿Entiendo que es una parte de mí que actúa como protectora?

- ¿Comprendo la naturaleza adictiva y habitual de mi relación con ella y sus diversos procesos?
- ¿Entiendo que contribuyo a alimentarla?
- ¿Comprendo que estoy enganchado a su proceso y que hacer cambios puede ayudar a recuperarme?
- ¿Entiendo los seis fundamentos que se me exigen? (Revisa la página 62).

Te sugiero que autoevalúes tu nivel de comprensión. Si algo no te queda claro o requiere mayor reflexión, por favor, vuelve a leerlo. Tómate el tiempo que necesites.

¿QUÉ VIENE AHORA?

Nuestras siguientes etapas se centran en cómo puedes empezar a desmantelar los hábitos adictivos. Eso se hará en secuencia, empezando por el cuerpo, la mente, tus sentimientos, comportamientos y, al final, la energía.

Intenta pensarlo como una deconstrucción de hábitos adictivos disfuncionales que debemos hacer en etapas, en lugar de hacerlo de una sola vez. También es el comienzo de una nueva relación con tu ansiedad.

Como cualquier relación nueva, será una mezcla de experiencias:

«Oh, esto es increíble».

«Estoy tan emocionado».

«Ay, no estoy seguro».

«Tengo que soltar algunas cosas».

«Esto me está poniendo nervioso».

«Esto es diferente».

«Esto es un poco inquietante».

«Cada vez lo disfruto más».

«Me siento más tranquilo».

«¿Podría ser algo especial?».

«Todo es mejor».

Valdrá la pena. Una nueva sensación de libertad está a la vuelta de la esquina.

RESUMEN DEL CAPÍTULO

- Desempeñas un papel fundamental en perpetuar tu ansiedad.
- También desempeñas un papel fundamental en tu recuperación.
- Los seis fundamentos son una parte esencial del trabajo general.
- Ahora estás listo para la segunda sección del libro: cómo romper tus hábitos adictivos relacionados con la ansiedad.

Pensamiento final

Al final, la única constante en la vida eres tú. Tiene sentido priorizar esa relación y cuidarla lo mejor posible.

SECCIÓN 2

Rompe el hábito

4

Cómo desactivar el estado de alarma: el cuerpo

¿Quieres romper con tus hábitos adictivos y llenos de ansiedad? Sé que parece una pregunta ridícula, pero es crucial para la recuperación. Espero que aceptes o, al menos, lo consideres como una opción.

En este capítulo, voy directo al epicentro de tu ansiedad: tu adicción habitual a sus síntomas físicos. No hay atajos para evitarlo. Debemos ir a la raíz.

VAMOS A LO FÍSICO

Todo comienza con el cuerpo.

- La ansiedad existe ahí.
- Todo el proceso de ansiedad es gestionado en gran medida por el cuerpo.
- Sientes la ansiedad en el cuerpo.

Existe una gran cantidad de investigaciones sobre el impacto del trauma en el cuerpo. Muchas teorías sugieren que las experiencias traumáticas suelen quedar «retenidas» en el cuerpo. El tratamiento consiste en liberar esas partes. He visto resultados muy positivos con ese enfoque.

Lo mismo ocurre con la ansiedad. Seas consciente de ello o no, la ansiedad no es solo un estado mental, también es un estado físico.

La primera parte de este capítulo se centrará en comprender mejor este tema. También explorará tu relación con la ansiedad física. La última parte se centrará por completo en una técnica que creé llamada *SIMPLY*. Esta te ayudará a romper con viejos hábitos y a generar una nueva relación con tu yo ansioso físico.

Resumen rápido

Hasta ahora ya sabes que la ansiedad se manifiesta de forma física en tu cuerpo. Ya has conocido tu yo ansioso físico en el capítulo 1. Te darás cuenta de que has forjado una relación y respuestas predecibles a esa parte del proceso de ansiedad. Quiero que comprendas de manera plena por qué estás haciendo cambios, de lo contrario, es menos probable que te involucres en el trabajo.

PROFUNDIZAR EN LA ANSIEDAD FÍSICA

Necesito explicar un poco más la ansiedad física. Es un aspecto que suele mencionarse muy por encima y no quiero que eso me pase.

Para algunas personas, la ansiedad física es un estado crónico persistente. Para otras, puede desencadenarse por un pensamiento, emociones, experiencias o acontecimientos.

Existen diversas teorías sobre el origen de la ansiedad. ¿Comienza como un pensamiento o una emoción antes de llegar al cuerpo? ¿Se origina en el cuerpo antes de llegar a la mente? En lugar de entrar en un debate académico complejo sobre eso, quiero simplificar y centrarme en lo indiscutible.

Existe un intercambio constante entre los sistemas de la mente y el cuerpo. Siempre hay diversos factores y contextos influyentes que deben considerarse. El hecho científico es que hasta que el estado de alarma del cuerpo (lucha, huida o parálisis) se desactive, la ansiedad continuará.

Para mí, es obvio que debemos empezar por aquí.

¿QUÉ OCURRE EN EL CUERPO CUANDO SUENA LA ALARMA?

Cuando se desencadena la ansiedad, es como un sofisticado sistema de alarma de oficina. Al activarse, se produce una secuencia de acontecimientos: las luces parpadean, suenan las alarmas, se disparan los aspersores, se cierran las puertas y se envían alertas a varios departamentos. Y así de manera sucesiva.

Tienes un sistema de alarma en tu cabeza que hace algo similar. Pero a menudo es una falsa alarma. Desencadena una serie de acontecimientos en tu cuerpo, emociones, mente, comportamientos y estados de energía.

Es importante reconocer esta falsa alarma y saber cómo apagarla y reiniciar todas las demás áreas que se activaron sin necesidad.

Sé que esto parece simple y casi mecánico. Ojalá fuera así de fácil. Sin embargo, hay un obstáculo del que debemos ser conscientes: tú.

A los humanos nos gusta sentirnos seguros… y nos volvemos adictos a ese sistema de alarma defectuoso y su promesa de seguridad. Es un hábito difícil de abandonar. Pero no te preocupes, trabajaremos en ello.

Si bien debemos recordar los grandes beneficios de la ansiedad en momentos de peligro real, también debemos reconocer que cuanto más complejas se han vuelto nuestras vidas, más hiperactivos son nuestros procesos de ansiedad.

Con frecuencia nos sentimos «sobreestimulados» por la ansiedad y es importante comprender los cambios químicos que se producen.

ENTENDER EL SUBIDÓN QUÍMICO

Mencioné que las sustancias químicas que se liberan en el cuerpo durante un episodio de ansiedad son las mismas que se liberan cuando nos sentimos sobreestimulados.

Cuando nos encontramos en este estado, la mente espera resultados más positivos. Cuando tenemos ansiedad, espera resultados más amenazantes.

De manera irónica, durante ambas experiencias se secretan las mismas sustancias químicas (adrenalina y cortisol). Los cambios hormonales, en general, pueden ser similares.

Esas sustancias químicas son congruentes con la estimulación, lo que significa que tal vez haya un vínculo entre el estado corporal y la cognición (cómo pensamos).

Conozco a un piloto que imparte cursos sobre el miedo a volar y, durante las turbulencias, anima a las personas a aplaudir y vitorear: «Esto es muy emocionante». Es una forma de engañar a la mente para crear una nueva respuesta (por favor, no hagas eso en tu viaje de verano al extranjero porque no quiero ser responsable de tu detención).

¿Entiendes lo que quiero decir? Hay opciones para responder.

La próxima vez que tengas ansiedad o estés emocionado, observa cómo el cuerpo puede comportarse de manera similar:

- Ritmo cardíaco acelerado
- Respiración acelerada
- Boca seca

- Habla acelerada
- Concentración intensa
- Pensamientos acelerados

La experiencia es la misma, pero diferente. Nunca he oído a nadie preocuparse por la sobreestimulación, pero sí a mucha gente preocuparse por la ansiedad.

Aquí es donde la cosa se pone interesante. ¿Alguna vez has considerado que quizá te resulta difícil liberarte de la ansiedad a pesar de la incomodidad que conlleva? ¿Has considerado que puede ser un hábito adictivo?

POR QUÉ LA ANSIEDAD FÍSICA ES UN HÁBITO ADICTIVO

Supongo que no has considerado los síntomas de la ansiedad física de esa manera. Es importante explicar mi razonamiento.

La ansiedad trae consigo:

- Una promesa de seguridad.
- Un estado de euforia alterado por sustancias químicas.
- Un estado de mayor energía que crea una sensación de seguridad reforzada.
- Familiaridad con los sentimientos asociados con la seguridad.
- Respuestas habituales (a la mayoría de los humanos les gusta la previsibilidad).

Es atractiva y es probable que no seas consciente de ello.

Considera que las personas que se vuelven adictas a sustancias quedan atrapadas en el efecto fisiológico asociado con la sustancia y en el escapismo psicológico.

La adicción al componente físico de la ansiedad es igual de atractiva porque viene con una oferta de protección, seguridad o prevención de daños. En el mundo actual, es comprensible por qué sucede eso.

Joshua es un buen ejemplo de ello. Fue mi paciente y sufría de ataques de pánico y trastorno de ansiedad generalizada. Presentaba todos los síntomas típicos de ambos.

Había consultado a numerosos terapeutas a lo largo de los años. Comprendía los aspectos de su pasado que contribuían a la ansiedad, aunque eso no mejoraba sus síntomas. Comprendía su mecanismo, pero eso no cambiaba cómo se sentía.

Había intentado reestructurar sus pensamientos. Sin embargo, se dio cuenta de que no podía pensar en cómo salir de un estado de ansiedad cuando se encontraba en uno. Cambió su comportamiento y hábitos de vida, lo cual le ayudó un poco, aun así, seguía padeciendo mucha ansiedad.

Cuando nos encontramos, parecía alarmado. Tenía los ojos muy abiertos. La mandíbula tensa. Los hombros encorvados. Se retorcía las manos sin parar. Parecía contenido y paralizado de manera física.

Tras las formalidades iniciales y una charla más informal para relajarlo, le pedí que me contara cómo se sentía. Pareció un poco sorprendido y dijo: «¿Pero no vamos a hablar de mi infancia y esas cosas?».

Le expliqué que haríamos todo eso a su debido tiempo, pero me interesaba empezar con la ansiedad fisiológica (corporal). Aceptó de mala gana.

Hice un ejercicio de escaneo corporal guiado con él y no te sorprenderá saber que su cuerpo estaba bloqueado por completo. Estaba en un estado de alarma constante.

Mientras trabajábamos para relajar y liberar parte de la tensión en su cuerpo, se resistió en casi todas las etapas. Hacia el final de la sesión, exploré la resistencia de Joshua, lo que reveló su preocupación más profunda: «Temo que, si empiezo a dejarlo ir, me desmoronaré».

Eso era. Estaba por completo apegado a las sensaciones fisiológicas de su cuerpo y dependía de ellas. Las asociaba con la seguridad y les atribuía el hecho de no desmoronarse. Era adicto a su ansiedad física. Así que ahí empezó nuestro trabajo. Fue la puerta de entrada a su recuperación.

Sé que es probable que reconozcas eso. Tal vez incluso tengas dolor físico o problemas de salud crónicos relacionados con tu ansiedad.

No te sorprendas si algunos de tus síntomas de salud física mejoran a medida que tu ansiedad disminuye. Lo he visto muchas veces.

Espero que te entusiasme la posibilidad de empezar a modificar tus hábitos.

PREPÁRATE PARA INTERRUMPIR

Interrumpir el estado de alarma en sus inicios es un método poderoso para reducir el impacto que tiene la ansiedad cuando se presenta de otras maneras.

Uso la palabra «reducir» de manera deliberada, ya que no siempre es posible eliminar un episodio de ansiedad debido a su rápida aparición. Una reducción es suficiente. La técnica que sigue activa este proceso.*

Estás actualizando tu yo ansioso con nueva información. Estás adoptando nuevos hábitos. Estás reprogramando la comunica-

---

* Recuerda: cualquier técnica sugerida nunca debe llevarse a cabo mientras se conduce, se maneja maquinaria, se utilizan sustancias o en cualquier situación donde la seguridad pueda verse comprometida.

ción neuronal en tu cerebro para que puedas funcionar mejor. Estás abandonando viejas respuestas habituales.

Nota importante

Para emprender los próximos pasos, es importante que te des tiempo y espacio para hacer una pausa y observar a tu yo ansioso. No tiene que ser un período largo, es el acto de detenerse para explorar con curiosidad (y con las mínimas distracciones posibles) qué está sucediendo en tu cuerpo.

Hazlo de forma sencilla. Pregúntate: «¿En qué parte del cuerpo siento ansiedad?».

Puedes sentarte, acostarte o lo que te resulte cómodo, dependiendo del contexto de la situación. Lo más importante es darte un espacio y tomar consciencia.

UBICACIÓN, UBICACIÓN, UBICACIÓN

Ya mencioné las distintas partes del cuerpo donde se puede ubicar la ansiedad. Es importante dedicar tiempo para saber cómo localizarla y cómo podrías sentirla. Tal vez parezca obvio, pero los síntomas pueden ser sutiles y suelen malinterpretarse como algo relacionado con la salud física:

«Me duele la cabeza».

«Me duele la espalda».

«Es el síndrome del intestino irritable».

«Tengo indigestión».

«Creo que he dormido del lado equivocado».

«A veces se me seca la garganta».

Quiero ser claro aquí: para algunas personas habrá enfermedades o afecciones de salud física que provoquen los mismos síntomas que se experimentan con la ansiedad. Para otros, no. Los síntomas serán cien por cien a causa de ella.

Dicho eso, puedo confirmar con seguridad que quienes padecen síntomas relacionados con problemas físicos seguirán padeciendo síntomas de la ansiedad. Pueden ser más sutiles, aunque a la vez agraven algunos de los síntomas de salud. Aquí se produce una superposición inevitable.

Quiero enfatizar que si tienes alguna duda sobre si tus síntomas están relacionados con la salud, siempre debes hablarlo con tu médico.

Lo importante es empezar por saber dónde se presenta la ansiedad en tu cuerpo.

¿CÓMO PERCIBES LOS SÍNTOMAS DE ANSIEDAD FÍSICA?

Comenzaré con los síntomas obvios que muchas personas habrán experimentado o leído (todos relacionados con la respuesta de lucha o huida):

- Ritmo cardíaco acelerado
- Respiración acelerada
- Boca seca
- Sensación de hormigueo (más intensa con el pánico)
- Temblores
- Mareos
- Sudoración
- Estómago revuelto
- Dolor de cabeza

Esta lista no es exhaustiva.

Los síntomas menos obvios que he escuchado incluyen:

- Hormigueo (con frecuencia en las extremidades)
- Pesadez
- Opresión en el pecho
- Piernas o brazos temblorosos
- Sensaciones extrañas o indescriptibles
- Calor en diversas partes del cuerpo
- Dolor repentino
- Espasmos o temblores (frecuentes en la cara o el cuello)
- Nudo en la garganta
- Sensación de no poder tragar
- Sensación de no poder moverse
- Hipersensibilidad en la piel
- Oír los propios latidos del corazón

Esta lista tampoco es exhaustiva.

Quiero que tengas en cuenta que, en ausencia de afecciones médicas definitivas, la ansiedad se manifiesta de muchas maneras en el cuerpo. ¡Tiene atributos camaleónicos!

MOMENTO DE PAUSA

Tal vez merezca la pena detenerse un momento a reflexionar sobre cuántos de todos esos síntomas que experimentas se producen, en especial, durante un episodio de ansiedad. No te asustes, únicamente estamos creando consciencia para que sepas a qué debes prestar atención.

La mayoría de los síntomas, cuando se relacionan con la ansiedad, causan pocos problemas a corto plazo, pero cuando la ansiedad no se controla durante largos períodos, genera problemas. Por eso es importante el compromiso con este trabajo.

LOS SEIS PASOS PARA DESACTIVAR LA ANSIEDAD FÍSICA

Ahora que sabes cómo identificarla, te presento un proceso de seis pasos que he diseñado para desactivar la respuesta de amenaza del cuerpo cuando tienes ansiedad. Después te ayudará a romper el hábito de aferrarte a la ansiedad física.

Esta te impulsa frecuente e innecesariamente a correr o luchar por tu vida. Tu papel ahora es romper el hábito de dejarte llevar por ella. Necesita aprender y comprender que tú estás al mando.

De ahora en adelante, cada vez que te tomes un momento para estar presente con tu ansiedad, te sugiero que comiences con una técnica que denominé *SIMPLY*, que en inglés significa «simplemente». Este término es un acrónimo que explica paso a paso cómo superar cada fase.

Te sugiero que practiques a diario esta técnica, incluso en los días en que te sientas bien. No solo aumentará tu capacidad de autorregulación, también mejorará tu neuroplasticidad. En pocas palabras, te dará mayor flexibilidad psicológica.

El tiempo que le dediques dependerá de tu horario. En mi experiencia, cinco o diez minutos son suficientes.

Para que resulte más claro, he detallado cómo seguir cada paso. Así, podrás aplicarlos de forma rápida y eficaz cuando comprendas cómo y por qué lo haces.

SIMPLY: LOS SEIS PASOS

Space (date un espacio en tu ansiedad): apartarse para poder ver

Identify (identifica): ¿qué está pasando?

Meet, greet and enquire (recíbela, salúdala y pregúntale qué la trae por aquí): estoy aquí

Pacify (cálmala): calmar el cuerpo

Letting go (suéltala): dejar ir los síntomas

You (tú eres responsable): y tú siempre eres la solución

Space (date un espacio en tu ansiedad)

De manera personal y profesional sé que los episodios de ansiedad son aterradores. Cuesta respirar. Son restrictivos. Dan miedo. Te sientes como si perdieras el control. Hay una sensación de desesperación por salir de la situación. El cuerpo se queda atrapado en una especie de «camisa de fuerza». La mente está desbordada. Sientes que todo se descontrola.

¿Te suena? Sí, a mí también. ¡He estado ahí y hasta he comprado algunos *souvenirs*!

No te preocupes, no estás «perdiendo la cabeza», «volviéndote loco» ni «fuera de control». Estás en un estado de alerta máxima, nada más. Vuelve a leerlo. Anótalo. Recuérdalo cada vez que tengas ansiedad. ¡Es un estado de alerta máxima, nada más!

Una de las acciones más poderosas para salir de ese estado de alerta es darte un espacio con respecto a la ansiedad. No te preocupes, te explicaré a qué me refiero.

Veo a muchas personas intentando de manera habitual «arreglar» su ansiedad sin la intención de tomar un poco de distancia para dejar pasar la energía o permitirle expresar sus preocupaciones.

¿Has notado que cuando alguien intenta rescatar a un animal asustado nunca se acerca demasiado? Se aparta y le da suficiente espacio y tiempo para permitirle que sea él quien se acerque.

Lo mismo ocurre con tu yo ansioso físico. Él te envuelve y crea una gran tensión dentro de ti (con el objetivo de protegerte).

No lo ayudarás invadiéndolo con acciones, pensamientos y llamadas de emergencia. Tu responsabilidad es darle espacio tanto físico como mental.

Me doy cuenta de que eso parece contradictorio. Casi puedo oírte pensar: «¿Hablas en serio?». Hablo muy en serio. Cuando tienes ansiedad, tu cuerpo, como ya sabes, entra en estado de lucha, huida o parálisis.

Te sugiero que vayas por el otro lado. Detente y aléjate un poco. No te resistas. El espacio es necesario, pues te permitirá dar un paso atrás y comenzar el proceso de desactivación de la alarma.

Recuerda que un bombero nunca entrará directo a un edificio en llamas. Se dará un espacio que le permita tomar las decisiones necesarias y responder en consecuencia. Estás haciendo lo mismo, la única diferencia es que la mayoría de tus miedos son imaginarios. ¡No hay nada ardiendo!

¿Cómo me doy un espacio?

Si esta pregunta te ronda la cabeza, es válida. Darse un espacio en medio de una sensación de caos (como suele ser la ansiedad) no es fácil. Pero es posible.

Los terapeutas (yo incluido) con frecuencia cometemos el error de ofrecer sugerencias como «tomarse un respiro», «recostarse» o «desahogarse», sin explicar qué significan. Recuerdo que una paciente, al principio de mi carrera, me preguntó qué tenía que ver tomarse un respiro con su ansiedad. Mi explicación en aquel momento fue pésima. Lo haré mejor esta vez.

El primer paso es detenerse y desconectar la mente de lo que está sucediendo. Sé que esto puede sonar simplista, pero la mayoría de la gente cree que necesita «hacer» algo cuando tiene ansiedad.

Pero es todo lo contrario. Es más importante «estar», y con eso me refiero a «estar presente». Es muy fácil dejarse llevar por las sensaciones físicas de la ansiedad. Cuanto más apegado estés, más difícil será separarte.

Al detenerte y dar un paso atrás, introduces una opción para interrumpir el ciclo y darte un espacio.

La forma más sencilla de describir eso es invitándote a pensar en un piloto de helicóptero que monitoriza una situación en tierra. Se aleja del suelo y comienza a ascender para observar lo que sucede abajo. Mientras el helicóptero se mantiene en el aire, el piloto tiene una vista aérea de lo que sucede.

No se encuentra en la situación de abajo, pero es consciente de lo que ocurre. El piloto navega y decide cuánto espacio se necesita. Tiene el control. Estás haciendo lo mismo. Te detienes a reconocer que la ansiedad física está presente y que, al separarte de ella, puedes darte un espacio para gestionar tus respuestas.

Comprendo (aunque parezca extraño) que tal vez no tengas un helicóptero a mano para escapar de un momento de ansiedad. Entonces ¿cuál es la alternativa?

Hay muchas formas de hacerlo. Mi sugerencia: haz lo que te resulte más útil. Siempre dependerá de varios factores, como la situación, con quién estés, el entorno, el contexto y la pertinencia.

La clave es saber que detenerse y darse un espacio en la ansiedad es primordial para empezar a romper viejos hábitos. Considera que este es el primer paso, así que intenta mantenerte concentrado si tu mente divaga preguntándose qué más puedes hacer. Eso lo veremos más adelante. No soy adivino, ¡pero sé cómo piensa la ansiedad!

Algunas sugerencias para crear un espacio físico y mental

- Tal vez quieras dar un paseo (no para pensar, sino para alejarte un poco).
- Podrías ir a otra habitación o a un espacio privado para estar en silencio y desconectarte.
- Tal vez quieras visualizarte como si observaras tu ansiedad física de lejos. Por ejemplo, podrías usar la analogía del helicóptero descrita anteriormente.
- La música relajante es útil si te ayuda a tranquilizarte y te permite observar tu experiencia.
- Siéntate en el suelo o en una silla e intenta percibir solo lo que está pasando (consciencia plena).
- Repite un mantra durante unos minutos, por ejemplo: «Soy consciente de mi cuerpo».

En esencia, cualquier cosa que te ayude a estar presente en la actividad de tu cuerpo con un mayor sentido de consciencia.

El objetivo es convertirte en el observador de la ansiedad en tu cuerpo. No estás identificándote *como* la ansiedad.

Por más desquiciado que suene esto, estás poniéndote a un lado para darle la bienvenida a tu yo ansioso físico. Detenerte y darte un espacio equivale a decirle a esa parte de ti: «Te veo. Eres bienvenida. Reconozco que eres parte de mí. No huyo de ti. No voy a intentar deshacerme de ti. Estoy dándote espacio».

Estás rompiendo viejos patrones adictivos con esas simples acciones. También estás abierto y con curiosidad por identificar lo que hay ahí.

Identify (identifica)

Sue fue mi paciente hace poco. No tuvo problemas para darse un espacio en su ansiedad física. Describió una sensación de alivio inmediata. Eso duró hasta que le pedí que identificara qué encontró en ese espacio.

Su respuesta fue reticente. Explicó que prefería no hablar de eso. Por supuesto, me interesó y le pedí que lo explicara. Tenía varias razones para no querer identificar lo que estaba pasando en su cuerpo:

«Prefiero no centrarme en eso».

«No me gustan las sensaciones».

«¿Y si lo empeoro?».

«Por lo general intento deshacerme de ellas».

«No sé cómo me va a ayudar eso».

«¿Y si encuentro cosas que no reconocía antes?».

«No estoy segura de probar algo nuevo».

«Esto no me resulta familiar ni cómodo».

Es interesante que cuando nos volvemos adictos a los procesos de ansiedad, surge un miedo real ante la opción de explorar.

La mayoría de las personas tienen respuestas automáticas y habituales a su ansiedad. Pero la recuperación implica explorar nuevos territorios y entiendo que eso puede generar incertidumbre.

La ansiedad es una intolerancia a la incertidumbre. El tratamiento consiste en afrontar la incertidumbre en lugar de evitarla.

Por cada preocupación evasiva que Sue presentó, le ofrecí una alternativa.

Así era como ocurría:

Sue: Preferiría no entrar en eso.

Yo: Tal vez merezca la pena intentarlo. He visto que ayuda mucho.

Sue: No me gustan las sensaciones de ansiedad.

Yo: Pero pones toda tu energía en huir de ellas, tal vez sin darte cuenta eso las mantiene en marcha.

Sue: ¿Y si lo empeoro?

Yo: Eso es el miedo hablando. Creo que ocurrirá lo contrario.

Sue: Preferiría deshacerme de las sensaciones.

Yo: ¿Eso ha evitado que vuelva la ansiedad? (El cien por cien siempre responde que no).

Sue: No sé cómo me ayudaría.

Yo: ¿Qué tal si confías en mi experiencia y en la ciencia?

Sue: ¿Y si encuentro cosas que no me gustan?

Yo: Entonces las atenderíamos juntos. Pero lo que sea que esté ahí, ahí está y acabará encontrando la manera de salir.

Sue: No estoy segura de probar algo nuevo.

Yo: Bueno, entonces ¿te gustaría quedarte así como estás? Es una opción si quieres.

Sue: Esto no es cómodo.

Yo: El cambio nunca lo es, pero piensa en la libertad que hay más allá de esto. ¿Merece la pena considerarlo?

Sue logró reconocer su evasión y encontrar la flexibilidad para afrontar la incertidumbre. Esto fue de gran ayuda para su recuperación.

Espero que puedas ver que los rasgos de la adicción a la ansiedad aparecerán incluso mientras te concentras en la recuperación. El cerebro con ansiedad creará historias, distracciones o razones para no hacerlo. El soniquete del «¿Y si...?» irá acompañado de campanas, silbatos y un trombón para completar la situación.

Esa resistencia y ese miedo son normales. Te pido que los identifiques con valentía y te quedes con lo que sucede en tu cuerpo, en lugar de huir de ello.

Sé que quizá te preguntes: «Pero ¿por qué necesito hacer esto?». La respuesta es sencilla. Porque es la puerta de entrada para interrumpir tus respuestas habituales y permitir que el cuerpo te comunique lo que te pasa. Podrías descubrir que, tras los síntomas físicos, suceden otras cosas:

«Tengo miedo».
«Me siento vulnerable».
«Me siento expuesto».
«Me siento solo».
«Estoy agotado».
«Estoy abrumado».
«Necesito descansar».
«Estoy perdido».

Y muchas más. Si no sabes qué pasa dentro de ti, existe el riesgo de vivir en un estado robótico y desconectado.

Por otro lado, si identificas dónde se almacena la ansiedad en tu cuerpo y estás abierto a lo que te comunica, esa es una forma más conectada y saludable de vivir.

Te recomiendo de manera encarecida que abordes siempre esta etapa con apertura y curiosidad. Los juicios y las respuestas agresivas nunca ayudan.

Resumen rápido

Darte un espacio en tu ansiedad física aliviará los síntomas. Te permitirá explorar lo que sucede en tu cuerpo y descubrir qué te está comunicando.

El próximo desafío es «reconocer y saludar» todo lo que descubras.

Meet, greet and enquire (recíbela, salúdala y pregúntale qué la trae por aquí)

Al comenzar esta sección, pienso en los niños cuando necesitan tu atención: «Hola, soy yo. No me ignores». ¿Y no es así como se siente la ansiedad física? Llega con bombo y platillo: «Hola, estoy aquí, ¿hay alguien en casa?», mientras piensas: «Ay, no, otra vez no, por favor, vete».

Quizá no quieras darle espacio ni identificarla, ¡y mucho menos saludarla! No me hago ilusiones de lo contraintuitivo que esto parece. Pero quédate conmigo. Con el tiempo empezará a tener sentido.

Cuando era niño, mi difunta madre tenía un ritual cuando una vecina en particular (que con frecuencia nos visitaba sin avisar y se quedaba más tiempo del debido) llegaba a casa. A mis hermanos y a mí nos ordenaban escondernos en la cocina. Nadie podía moverse. No se podía abrir la puerta hasta que la visita se hubiera ido. Todos conocíamos el procedimiento de sobra. Por muy amable que fuera mi madre, no iba a permitir que la vecina se sentara con nosotros toda la noche hablando de esto y aquello.

Un día, la rutina salió mal. Mis hermanos y yo estábamos escondidos en la cocina, en la parte trasera de la casa, esperando a que la vecina se fuera. La mujer tenía otros planes. De repente, apareció en la ventana de la cocina, golpeando el cristal y preguntando por qué estábamos todos sentados en el suelo. Nos descubrieron.

La vecina insistente no se daba por vencida. No se iba a ir a ninguna parte. Tuvimos que ceder y dejarla entrar.

Un milisegundo después de que entrara, mi madre preparó el té y siguieron horas de charla interminable. Debo decir que su excusa para explicar por qué la familia estaba apiñada en el suelo de la cocina fue estupenda. Dijo que estábamos rezando ahí porque ese espacio era más tranquilo. Me pareció una genialidad.

¿Con qué frecuencia intentas esconderte de tu ansiedad cuando te invade?

Por desgracia, al igual que mi insistente vecina, la ansiedad encontrará la manera de entrar. Por lo tanto, es importante mirar, reconocer y saludar a esa parte de ti. Pero eso no es solo un mero reconocimiento.

Sugiero que se haga con un espíritu de verdadera apertura. Es mejor recibir a tu yo ansioso físico como un invitado bienvenido. Tiene información para ti. Intenta traerte consciencia. Fue programado para manifestarse así durante mucho tiempo. Nunca se le ha dicho que no lo haga.

Mirar y saludar a tu ansiedad física te dará la oportunidad de empezar a crear una relación más cálida con ella. También es hora de empezar a reprogramar tu mente con información actualizada. Con un contenido menos temeroso. Hablaremos sobre esto más adelante.

Tal vez la próxima vez que tu ansiedad diga: «Hola, soy yo», tengas la oportunidad de responder de otra manera: «Gracias por venir. Perdona, te he estado evitando. ¿Qué te trae por aquí?». Ese estado de curiosidad inquisitiva abre las puertas a un sinfín de posibilidades y nueva información.

Te lo prometo, tu yo ansioso se comunicará contigo. Una vez que sepa que estás dispuesto a conocerlo, saludarlo y escucharlo, te hablará. Solo tienes que escuchar.

Cuanto más tranquilo estés, mejor, porque tu quietud calmará la ansiedad sin darte cuenta. La apaciguará.

Pacify (cálmala)

Calmar tu ansiedad física es, de manera básica, la etapa de desactivación de la amenaza física contenida en el cuerpo. Los pasos que acabamos de cubrir son el trabajo de preparación esencial:

- *Space* (date un espacio de tu ansiedad)
- *Identify* (identifica)
- *Meet, greet and enquire* (recíbela, salúdala y pregúntale qué la trae por aquí)

Ahora nuestro objetivo es romper con los viejos hábitos adictivos.

Una forma rápida de desactivar la amenaza

Quiero empezar esta sección diciendo que este es mi método preferido para reducir con rapidez la ansiedad física, pero no es el único. Hay muchos otros.

Básicamente, exploramos técnicas de conexión a la tierra (*grounding*) para ayudar a estabilizar la ansiedad física. Piénsalo como desatar un nudo. Liberamos tensión.

Si tienes una técnica de *grounding* que funciona para ti, úsala. Más adelante mencionaré algunas otras técnicas que quizá quieras explorar como alternativas (revisa la página 104).

Mi método está influido por el trabajo de *grounding* y la terapia de desensibilización y reprocesamiento por movimientos oculares (EMDR). Es importante saber que la técnica que voy a describir reducirá la respuesta nerviosa simpática (respuesta al estrés) y aumentará la respuesta nerviosa parasimpática (respuesta calmante). Te ayudará a sentir que controlas más la situación. Estoy dirigiendo la mente a un estado de concentración más tranquilo para activar una respuesta similar en el cuerpo.

Suponiendo que completaste las etapas anteriores, ahora vas a añadir esta intervención como continuación.

Te recomiendo que lleves a cabo esta parte del proceso en un espacio tranquilo con mínimas interrupciones. Es preferible sentarse en una posición estable y con los ojos cerrados. Este es tu espacio mental desactivado y los pasos son:

- Crea un nuevo espacio mental
- Nombra el espacio
- Regula la respiración
- Haz la estimulación bilateral (golpeteo)

Crea un nuevo espacio mental

Sabemos que la ansiedad física crea un espacio mental abarrotado, ocupado y caótico. Quiero cambiar eso.

El primer paso es dejar que tu mente divague de manera consciente hacia un lugar que te represente paz, calma y tranquilidad. Puede ser una playa, una montaña, tu lugar favorito. Puede ser real o imaginario. No quiero ser demasiado prescriptivo. Tu mente te llevará adonde necesite estar.

Cuando llegues a tu espacio, solo intenta absorber cada detalle de lo que experimentas en tu mente: color, sonido, sabor, sentimientos, sensaciones corporales. Absorbe todo y deja que tu cuerpo se relaje, alcanzando un estado de seguridad. Observa de nuevo dónde guardas la ansiedad en tu cuerpo y cómo puede disminuir. No lo fuerces, solo obsérvalo.

Esta primera acción altera de inmediato la química cerebral e interrumpe el estado de alarma. El cortisol y la adrenalina comienzan a disminuir.

No es la respuesta habitual, usual y adictiva a la ansiedad, por lo que de inmediato se activan nuevas respuestas neurológicas. Se rompe el ciclo de la ansiedad adictiva al dirigir el cerebro a un lugar que representa paz y tranquilidad.

Nombra el espacio

Ahora que estás en un nuevo espacio mental tranquilo, te invito a darle un nombre a ese lugar usando una palabra o frase.

Sabemos gracias a las investigaciones que usar el lenguaje con la imagen y la imaginación ayudará a tu cerebro a identificar en el futuro que estás optando por un cambio de marcha «mental». Estás eligiendo salir del modo alarma y optando por una alternativa más tranquila.

Para los amantes de los perros, comprenderán que durante el entrenamiento de un cachorro, el lenguaje y los comandos precisos son esenciales para que el cerebro animal comprenda con exactitud lo que se espera de él, por ejemplo, «junto», «ven», «siéntate», etcétera.

El cerebro humano, en su nivel más primario, presenta similitudes. Identificará una orden o una palabra asociada a un estado particular. Por lo tanto, la elección de la palabra es importante.

La palabra o frase se usará cada vez que apliques esta técnica. Piensa en ella como la contraseña segura que te permite entrar a tu santuario.

Detente ahora un momento con la mente asentada en tu «espacio mental desactivado». Pregúntate: «¿Cuál es mi palabra o frase para venir a este lugar?». Quédate quieto y en silencio… y deja que la palabra llegue. Y llegará.

Cuando tengas tu palabra o frase, repítela varias veces cada vez que entres en tu nuevo estado mental. Eso ayuda a agilizar y consolidar el proceso de llevar tu mente a ese estado de calma.

Regula la respiración

Ahora que eres consciente de tu capacidad para alterar el aspecto fisiológico de tu yo ansioso, puedes profundizar en este estado de calma. Esto se puede lograr regulando tu respiración.

De nuevo, esto no es complicado. Te servirá como apoyo adicional cuando te hayas asentado en tu estado mental desactivado y hayas usado tu palabra para consolidar el proceso.

La respiración es una de las fuerzas más poderosas que tenemos a nuestra disposición. Nos acompaña desde que nacemos hasta que morimos. Es una constante.

En momentos de ansiedad, la mayoría de las personas respiran más rápido de lo normal, lo que desencadena una serie de hechos físicos en el cuerpo. Si ahora mismo empezaras a respirar con rapidez, seguro que notarías que tu corazón late más rápido, tu cuerpo se tensa, tu vista se agudiza y podrías sentir la boca seca. También es probable que te sientas más ansioso o «nervioso».

La buena noticia es que puedes usar la respiración para lograr el efecto contrario. Respirar de forma regulada y controlada ralentiza todo, activa una respuesta parasimpática y ayuda a sentirte más calmado y tranquilo. La respuesta del sistema nervioso parasimpático puede compararse con pisar el freno. El objetivo es reducir la velocidad y alcanzar un estado más estable.

Hay muchas variaciones de respiración que puedes explorar. Usa la que te funcione mejor. La técnica que uso con más frecuencia con mis pacientes (y conmigo) es una forma de respiración de caja. Ahora voy a explicarlo.

Suponiendo que estés relajado y acomodado en tu espacio mental desactivado, y hayas repetido tu palabra varias veces, ahora añadirás el trabajo de respiración.

Sugiero tres o cuatro rondas de este tipo de respiración, seguidas de respiraciones normales, pero con la consciencia de mantener un ritmo constante.

Siéntate de manera cómoda en una silla o acuéstate en el suelo (incluso puedes estar de pie), lo importante es mantener un estado estable y firme. En resumen, mantener el cuerpo lo más inactivo posible.

Esta técnica implica pensar en una ronda de respiración en una secuencia de caja:

- Inhala por la nariz contando hasta cuatro.
- Aguanta la respiración durante cuatro segundos.
- Exhala por la boca durante cuatro segundos.
- Aguanta la respiración durante cuatro segundos.

Repite el mismo patrón tres o cuatro veces.

Al principio se necesita un poco de práctica, pero una vez que te acostumbres al patrón, se convertirá en algo natural. No solo alterarás tus viejos patrones, también te sentirás más tranquilo bastante rápido.

Resumen rápido

Hasta ahora ya sabes:

- Cómo llevar tu mente a un nuevo espacio mental.
- Cómo utilizar tu palabra para consolidar el proceso.
- Cómo utilizar la respiración para activar aún más tu respuesta nerviosa parasimpática.

Ahora finalizarás el proceso añadiendo una técnica llamada estimulación bilateral (una forma de golpeteo).

Haz la estimulación bilateral (golpeteo)

De nuevo, una aclaración. No me he vuelto loco ni esto es algo extravagante. Esta técnica puede sonar rara, pero es bastante útil.

En pocas palabras, se trata de una técnica de golpeteo lento de izquierda a derecha:

- Utilizando ambas palmas de las manos, golpea despacio sobre la parte superior de los brazos o los muslos, alternando de izquierda a derecha.
- Repite eso de treinta a cuarenta veces.

Existe un gran debate sobre cómo funciona esta técnica, pero en resumen, sabemos que funciona. Se utiliza en muchas terapias somáticas y EMDR. Estas son algunas teorías sobre su funcionamiento:

- El mecanismo de izquierda a derecha equilibra el lado izquierdo del cerebro (piensa en cómo te sientes más tranquilo al salir a caminar, esto se debe a caminar de izquierda a derecha con ritmo).
- La asociación física con el golpeteo mientras se está en un estado desactivado más tranquilo crea hábitos nuevos en las vías neuronales.
- Así como en esta técnica se crean asociaciones con una imagen y una palabra, el golpeteo se convierte en un mensaje de consolidación adicional para el cerebro.
- Mucha gente encuentra esta técnica relajante al instante (efecto rítmico).

Recuerda: el golpeteo solo se añade al final, una vez que permitiste que tu mente vaya a tu nuevo espacio mental, tu palabra se repitió y el trabajo de respiración se completó.

Con suerte, cada vez que practiques esta técnica, te harás más consciente de la sensación de tranquilidad y relajación en tu cuerpo. Aquí es donde debes empezar siempre.

Repito una vez más: desactivar el sentido de alarma en el cuerpo tendrá un efecto positivo sobre todos los demás mecanismos de ansiedad.

Finaliza el proceso SIMPLY

Las últimas letras del acrónimo SIMPLY (L y Y) no representan instrucciones específicas. Son recordatorios cruciales de la importancia de:

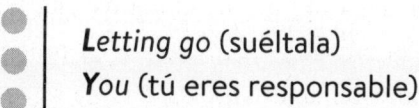

Letting go (suéltala)
You (tú eres responsable)

No hay nada complicado que explicar aquí. La disposición a dejar atrás viejos hábitos es fundamental para recuperarse de la ansiedad. Cada vez que te des cuenta de tu resistencia a dejar atrás viejos hábitos, recuerda que estás obstaculizando tu recuperación.

De igual manera, solo tú puedes lograr esta recuperación. Cada acción, decisión y compromiso en relación con tu ansiedad es tu responsabilidad.

Te recomiendo encarecidamente que repitas estas afirmaciones al final de cada práctica de desactivación:

«Estoy dispuesto a soltar mis viejos hábitos».
«Soy responsable de hacer estos cambios».

Alternativas a las técnicas de respiración

Soy consciente de que un pequeño número de personas no encuentran útiles las técnicas de respiración o les parecen difíciles.

En las técnicas descritas, hay algunas alternativas al trabajo de respiración que tal vez quieras considerar:

- Excluir la sección de trabajo de respiración.
- Utilizar la repetición de mantras (repetir una frase, una y otra vez, durante unos minutos, por ejemplo: «Estoy tranquilo, estoy seguro»).
- Centrarte en un olor.
- Usar música relajante.
- Utilizar estimulación bilateral (golpeteo) durante más tiempo (ritmo lento).
- Hacer un sonido «aum» para cualquiera que practique yoga.
- Hay varias aplicaciones en línea, como Calm o Headspace, para activar la respuesta nerviosa parasimpática que tal vez quieras explorar (lee siempre las pruebas de la investigación y los ensayos clínicos).

No dudes en añadir cualquier cosa que sepas que funciona para ti (con excepción, por supuesto, del alcohol, drogas u otras sustancias).

Diseñé este capítulo para ayudarte a empezar a gestionar tu yo ansioso físico. Sabes que existe. Sabes lo enganchado que estás a sus procesos. Sabes lo habituales que son tus respuestas. Sabes lo adictiva que es.

La práctica regular de esta técnica de desactivación es el comienzo de un camino para ti. Aunque no es el final de la historia. No eliminará la ansiedad por completo. Sabes que tu yo ansioso se manifiesta de otras maneras. Nos ocuparemos de eso en los próximos capítulos.

Pero este es un comienzo poderoso. Has empezado a lidiar con uno de los motores de la ansiedad: el cuerpo humano.

De ahora en adelante podrás gestionar ese motor de una mejor manera.

RESUMEN DEL CAPÍTULO

- La ansiedad se mantiene en el cuerpo, es necesario liberarla.
- La ansiedad y la sobreestimulación son similares a nivel fisiológico.
- La ansiedad física puede ser adictiva, viene acompañada de una promesa de seguridad.
- Has creado una respuesta habitual a la ansiedad física.
- Recuerda los seis pasos para desactivar la ansiedad física: SIMPLY (date un espacio en tu ansiedad; identifica qué está pasando; recíbela, salúdala y pregúntale qué la trae por aquí; cálmala, suéltala y tú eres responsable).
- Interrumpir la ansiedad física es una forma poderosa de reducir otras manifestaciones de ansiedad y dejar de ser adicto al mecanismo.

Pensamiento final

El cuerpo puede llevar la cuenta,
pero tú puedes cambiarla.

5

Ansiedad: es emocional

Resumen rápido

Notarás que a lo largo del libro recapitulo y resumo. Eso es una decisión deliberada para asegurar la comprensión (por si te preguntas si estoy divagando o repitiéndome). También uso un método conocido como refuerzo psicológico. Romper con los hábitos requiere refuerzo para mantenerte en el buen camino.

En el capítulo anterior, nos centramos en la manifestación de la ansiedad en el cuerpo físico, pero también es un cambio en el estado emocional. Como ya sabes, se manifiesta de inmediato como un estado de alarma en el cuerpo.

Hay algunas acciones inmediatas para desactivar el estado de alarma que ayudan a regular las reacciones posteriores (emociones, pensamientos, comportamientos, estados de energía), pero no las eliminan. Por lo tanto, es necesario atender todas las partes de tu ansiedad.

Se empieza por el cuerpo para minimizar el impacto, pero no se termina ahí.

VISIÓN GENERAL DEL CAPÍTULO

Este capítulo profundizará un poco más para ayudarte a comprender la importancia de la ansiedad como emoción y tu relación adictiva con ella. No puedo obviar este punto, ya que comprender las emociones es fundamental para la recuperación. También compartiré un método sencillo para cambiar la relación con tu yo ansioso emocional. En mi experiencia, eso lo transforma todo de una manera muy empoderadora.

Para profundizar en tu comprensión de las emociones, es fundamental explorarlas. Abordaré eso en tres partes:

1. Entender la ansiedad como una emoción
2. Influencias en tu yo ansioso emocional
3. Cómo cuidar del yo ansioso emocional

PARTE 1:
ENTENDER LA ANSIEDAD COMO UNA EMOCIÓN

Ansiedad: la dicotomía pensamiento-sentimiento

Existe un debate ancestral en psicología sobre la relación entre el pensamiento y las emociones. ¿Influyen los pensamientos en las emociones o las emociones en los pensamientos? ¿Qué ocurre primero?

Estoy seguro de poder afirmar que los pensamientos y las emociones se influyen de manera mutua en ambas direcciones.

Cuando cursé mi máster en Terapia Cognitiva, se hizo hincapié en la conexión entre el pensamiento y la emoción. Tenía sentido. Nuestra forma de pensar influye en nuestro estado de ánimo. Un cambio en la emoción puede influir en el pensamiento, lo que a su vez activa un patrón circular.

El punto destacable es que la posición inicial era pensar.

Al trabajar con la ansiedad, creo que lo ideal es que el enfoque emocional preceda al pensamiento. Prefiero abordar las emociones primero en lugar de confiar en el pensamiento como método para «no sentir el sentimiento».

El sentimiento necesita sentirse. De igual manera, es difícil controlar la ansiedad cuando estás angustiado. Lo lógico es calmar la emoción desde el principio.

La ansiedad es un cambio en el panorama emocional que influye en la experiencia general de una persona. Al no priorizar las emociones se corre el riesgo de pasar por alto un factor clave en su causalidad y mantenimiento. Algunos métodos de tratamiento excluyen las emociones, pero nosotros vamos a afrontarlas.

La ansiedad es una emoción compleja que suele malinterpretarse. Puedes estar enfadado, pero en realidad tienes ansiedad. Puedes estar triste, pero en realidad estás agotado por la ansiedad. ¡Puedes parecer eufórico cuando en realidad estás aterrorizado! Es una parte de ti con múltiples capas.

Una vez evalué a un paciente que me preguntó si había una opción de terapia para la ansiedad que pudiera «evitar la parte de los sentimientos». Le expliqué que esto sería como intentar subir a un avión sin pasar por el control de seguridad del aeropuerto. No funciona así. ¡Abróchense los cinturones y prepárense para el despegue!

¿Qué son las emociones?

Considero las emociones como canales de comunicación que con frecuencia representan necesidades no satisfechas y la suma de todas nuestras experiencias de vida. Siempre querrán comunicarse contigo. Las veo como señales que trabajan a tu favor, no en tu contra. Exigen y necesitan tu atención. Por lo tanto, necesitas sentirlas para poder responder.

Es importante reconocer que las emociones actuales no siempre son reales ni apropiadas para la situación. Una respuesta emocional inmediata podría ser la de tu yo de siete años con la que nunca has tratado. Por lo tanto, es importante tener en cuenta que una emoción y su respuesta tal vez necesiten una actualización.

Las emociones parecen reales y, claro, lo son. Pero pueden ser imprecisas y estar provocadas por tus experiencias pasadas. ¡Los esqueletos en el armario, por así decirlo! Todos tenemos muchos, así que no dejes que eso te asuste. ¡Mi armario estaba tan lleno que tuve que salir de él!

Lo que realmente quiero enfatizar aquí es la validez de las emociones y la importancia de gestionarlas. Eso no significa solo reconocerlas. Las emociones tienen un principio, un desarrollo y un final. Tienen un camino que recorrer y necesitan tu ayuda para facilitarlo. Es poco probable que eso suceda a menos que comprendas mejor esta parte de ti.

A lo largo de este capítulo, considera que las emociones son otra parte de tu yo ansioso.

Comprender las emociones

Algunas teorías psicológicas sostienen que existen seis u ocho emociones primarias. Estas van desde la ira, el miedo, la tristeza, el asco, la sorpresa, la anticipación y la confianza hasta la alegría. Dicho eso, otras teorías vinculadas a las emociones primarias proponen que podríamos tener hasta treinta y cuatro mil tipos de emociones más.

Me conformo con trabajar con la premisa de que tenemos muchas emociones. Varían en volumen, intensidad, calidad y velocidad con la que aparecen y desaparecen. Están vinculadas a las circunstancias y experiencias. Actúan como un barómetro personal de nuestro bienestar emocional y psicológico. «Me siento triste» puede traducirse como una acción: «¿Qué necesito?».

En este libro nos centramos en la ansiedad, que es en sí misma una emoción. Espero que hayas notado que está relacionada con muchos de los estados emocionales primarios mencionados.

Puedes estar enfadado y sentir ansiedad. Puedes tener miedo y ansiedad. Puedes estar triste y sentir ansiedad. Y así... La ansiedad es una de las principales.

La ansiedad se desencadena de manera emocional en la vida cotidiana por lo siguiente:

- Acontecimientos externos de la vida, por ejemplo, retrasos, tráfico, clima.
- Un comentario de alguien.
- Un cambio en el estado emocional interno.
- Nueva información, por ejemplo, recibir «malas noticias».
- Ver las noticias o leer un periódico.
- Un nuevo reto.
- Un entorno cambiante
- Una pérdida.
- El envejecimiento.
- Una fecha límite de entrega en el trabajo.
- Exigencias abrumadoras de la vida, tanto personales como profesionales.

Ten en cuenta que sentirse «alterado» no siempre significa que la amenaza sea real. Con frecuencia no lo es. ¡Pero reaccionamos como si lo fuera!

¿La ansiedad es una emoción o un sentimiento?

Cuando sentimos ansiedad, decimos: «Tengo ansiedad».

Creo que cuando lo estamos, lo experimentamos como una emoción amplia. Pero también padecemos sentimientos relacionados: miedo, pavor, desesperanza, preocupación, etcétera. Tal vez suene extraño decirle a tu amigo: «Siento ansiedad, pero también tengo sentimientos residuales». ¡Podría preguntarte, y con razón, qué libro de autoayuda te has creído! Quédate con «Siento ansiedad». Entenderá a qué te refieres.

La realidad es que estás experimentando ansiedad y sentimientos alineados con ella. Para simplificar aún más, la ansiedad es como una nube que te cubre. Las sensaciones que la acompañan son la lluvia, el granizo o los cambios en la apariencia de la nube.

La nube está ahí porque es el orden natural de las cosas: la ansiedad es parte de la condición humana.

La lluvia, el granizo o los cambios en la apariencia de las nubes son respuestas a los cambios atmosféricos del entorno. La nube sigue ahí, pero debe liberarse y transformarse. Los sentimientos cumplen una función similar. Te recuerdan que la ansiedad está presente. Surgen para comunicarte que es necesario un cambio y se manifiestan de diversas maneras.

La ansiedad y sus primos emocionales

La ansiedad nunca puede considerarse un estado emocional único. Siempre habrá otras emociones presentes. Abordamos esto de manera breve al hablar sobre tu yo ansioso emocional en el capítulo 1 (revisa la página 32).

Al reflexionar sobre treinta años de trabajo con personas con distintos grados de ansiedad, nunca la he visto como una sola emoción. Atrae a otros miembros de la familia. Como en todas las familias, eso se percibe de forma diferente para cada persona. Los roles también varían según la historia.

Por lo general, a los pocos minutos de conocer a alguien en la consulta, sé si padece ansiedad clínica. No siempre lo dicen.

A veces dicen:

«Estoy enfadado».
«Estoy perdido».
«Estoy confundido».
«Me siento fuera de control».
«Estoy agotado».
«Estoy ocupado todo el tiempo.»
«No me encuentro bien.»
«No puedo controlarlo todo».
«Todo me da pavor».
«Me preocupa no poder con todo».
«Me dan miedo los sentimientos».
«Me preocupa perder el control».

Estoy seguro de que la ansiedad siempre se encuentra ahí.

Pero las pistas no se limitan a las palabras. Cuando se activa, se pueden despertar diversas emociones y otros sistemas. La persona parece alarmada. Su discurso tiene un ritmo de urgencia. Las lágrimas se contienen como compuertas. Las manos se mueven con nerviosismo. Los pies golpean el suelo. La velocidad es esencial. Hay momentos de parálisis.

El miedo está en la consulta. El pavor y la fatalidad están en el consultorio. La tristeza, el agotamiento y la soledad también.

La desesperanza está ahí. La impotencia se hace presente. El terapeuta en la habitación siente y reconoce todo esto.

Las tres razones por las que la ansiedad nunca viene sola

Creo que tratar la ansiedad como una sola emoción simplifica en exceso un proceso psicológico mucho más sofisticado y lleno de matices. Además, existe el riesgo de pasar por alto información valiosa, esencial para la recuperación.

Hay tres razones por las que no es un estado emocional único:

1. Podrían existir varias razones o acontecimientos de la vida que expliquen por qué otras emociones están presentes.
2. Quizá tu yo ansioso no está recibiendo la respuesta adecuada. Si evitas reconocerlo, tal vez intente llamar tu atención a través de otra emoción, como la ira o la tristeza. Es como una vía de acceso indirecta.
3. A veces la ansiedad se presenta como la emoción principal, pero su intención es llevarte a una emoción más profunda que necesita sanación, como la vergüenza.

La ansiedad no es un proceso simple. Es un proceso multifacético de señalización que busca apoyarte. La curiosidad y la apertura a su mensaje pueden cambiar tu vida.

Nunca consideraremos tu yo ansioso como algo negativo. Solo es incomprendido.

PARTE 2:
INFLUENCIAS EN TU YO ANSIOSO EMOCIONAL

Entender tu ansiedad: el panorama general

Creo que la ansiedad es la emoción que más se siente en el mundo actual. Algunas investigaciones lo respaldan, con el miedo ocupa un lugar destacado en muchas listas. Esto no es de sorprender considerando las complejidades del mundo de nuestro tiempo. Basta con ver las noticias diarias para comprenderlo.

Sé que todos tendréis historias diferentes relacionadas con la ansiedad. En esta sección, planteo hipótesis generales sobre por qué puede estar presente en tu vida. Siempre me sorprende la similitud de temas, a pesar de las variaciones en las experiencias vividas.

Ya sabemos que existen múltiples factores que influyen en el proceso de ansiedad: el ADN, la personalidad, diversos factores bioquímicos, la dieta, el estilo de vida, los estresores externos y las influencias sociopsicológicas, entre otros tantos. Pero eso no lo abarca todo.

No somos seres primarios. Somos seres evolucionados y muy sensibles. Somos seres pensantes, sensitivos y espirituales, que recibimos la influencia de los acontecimientos y experiencias de la vida. Con frecuencia, la vida se percibe como una amenaza personal y, en consecuencia, reaccionamos como tal.

Por eso es difícil dejar atrás el pasado.

Es difícil relajarse en el momento presente.

Da miedo confiar en el futuro.

Sí, somos seres humanos evolucionados. Sí, el mundo ha evolucionado, pero eso tiene un precio.

El estado emocional de ansiedad también ha evolucionado. Se ha convertido en una emoción intensa, vigilante, persistente y poderosa que busca protegerte en un mundo donde todo el tiempo te enfrentas a amenazas.

El problema es que a menudo trabaja mucho más de lo necesario y suele sobreestimar en gran medida la amenaza. Literalmente, ¡no sabe cuándo parar! El resultado: ¡una generación llena de ansiedad que lucha por gestionar una emoción que parece haber superado su función original!

Por lo tanto, este es un panorama más amplio que, con suerte, arrojará algo de luz sobre por qué se desencadena tu yo ansioso emocional.

Pero no termina ahí. También habrá experiencias muy personales de tu pasado que influirán en por qué tu yo ansioso emocional se manifiesta como lo hace. Es importante analizar eso.

El pasado y su impacto

Este tema podría dar para un libro entero. Por ahora, ofrezco un «curso intensivo» para comprender tu yo ansioso emocional en relación con tu pasado.

Recordatorio: es probable que comprenderte te genere una respuesta compasiva en lugar de crítica. Cuando entiendas el porqué, podrás ser más indulgente contigo mismo.

En la mayoría de los casos, la ansiedad está relacionada con experiencias de vida que implican algún grado de:

- Amenaza
- Abandono
- Problemas de apego

Amenaza

Un estado de amenaza en la infancia (o en la vida en general) puede tener muchas causas. Podría ser violencia en el hogar. Un hecho traumático. Vivir en un entorno peligroso. Acoso escolar. Abuso. Situaciones de guerra. Adicción en la familia. Humillación. Vergüenza.

Esta lista no es definitiva. En resumen, es probable que cualquier situación que supusiera una amenaza crónica o persistente te seguirá hasta la edad adulta, en especial, si no se resuelve.

Ahmed, un paciente mío, creció en Bosnia durante un período de guerra y violencia. Mientras vivió allí, normalizó la sensación de amenaza.

Cuando se mudó al Reino Unido, se dio cuenta de que «sentía» un estado persistente de miedo y preocupación. No entendía sus sentimientos, pues ahí se sentía seguro.

Tras varias sesiones, era evidente que Ahmed tenía problemas sin resolver. No padecía trastorno de estrés postraumático (TEPT), para el cual llevé a cabo una evaluación exhaustiva. Pero tenía un sistema nervioso muy activado, en «alerta máxima», atento a las amenazas o peligros actuales. Aunque vivía en un entorno seguro, su cerebro seguía reaccionando a las viejas circunstancias. Su cableado interno no se había actualizado.

Abandono

No es raro experimentar una sensación de abandono. Esto pasa en las familias, comunidades o en cualquier circunstancia. Puede ocurrir en diversos momentos de la vida, pero los problemas de abandono temprano son profundos.

Harriet acudió a terapia con ansiedad grave con respecto a las relaciones. Le preocupaba no tener pareja. Sin embargo, cuando tenía una, empezaba a tener ansiedad y a desconfiar. Temía de manera profunda la soledad a largo plazo.

Al explorar el pasado, Harriet habló de manera extensa sobre cómo su padre abandonó a la familia cuando ella tenía ocho años. Recordó que le leía un cuento antes de dormir y que después nunca más lo volvió a ver. Su madre le dijo a la familia que él se había mudado al extranjero y no quería volver a verlos.

Harriet descubrió más tarde, durante su adolescencia, que su padre se había mudado a otro país y tenía una nueva familia. Hizo un único intento por contactar con él, pero su padre se negó a hablar con ella.

Su ansiedad estaba dominada por ese abandono y rechazo.

119

La terapia se centró en abordar la herida emocional y el apego a esa narrativa de abandono. Se había hecho adicta al miedo emocional a que cualquier persona cercana la abandonara. Su pasado dictaba su presente.

Problemas de apego

En psicología se discuten cuatro estilos de apego clave: seguro, ansioso, evitativo y desorganizado. La mayoría somos una mezcla de los cuatro. Además, existen coincidencias entre ellos.

Resulta curioso que todos influyen en la relación con tu yo ansioso emocional. Si bien la ansiedad, la evitación y la desorganización tienen vínculos más evidentes, el apego seguro también puede verse comprometido en tiempos de incertidumbre o cambio. A continuación, los explicaré con más detalle.

Aprendemos los estilos de apego y nos volvemos adictos a ellos. Se convierten en parte de nuestra identidad y, como era de esperar, influyen en cómo nos relacionamos con nuestro yo ansioso. Los componentes adictivos están presentes en muchos tipos de ansiedad.

Desarrollamos estos estilos de apego mientras crecemos. Luego se hacen visibles en nuestras relaciones adultas, sobre todo, en las cercanas.

Si tuviste modelos que seguir positivos y viviste relaciones funcionales y respetuosas durante tus años de formación, es probable que crees vínculos seguros. Estos vínculos te brindan seguridad y confianza, y existe una sensación natural de tranquilidad en tus relaciones. Es una atmósfera de libertad.

Si has presenciado relaciones impredecibles, poco fiables, distantes y que evitan los problemas, es probable que hayas desarrollado un estilo de apego evitativo. Es difícil comprometerse o confiar. Tal vez tardes en tomar decisiones o en llevar una relación a un nivel superior. Hay una sensación general de incertidumbre. ¡Todo se resuelve mañana!

El apego desorganizado trae una pista clara en el título. Si has experimentado relaciones desorganizadas, caóticas y desordenadas, es probable que tengas algunos de esos rasgos en tus relaciones. El caos está a la orden del día. Puede haber mucho drama innecesario. Es material para telenovelas.

Los estilos de apego ansiosos se forman en hogares donde lidiar con la incertidumbre, las presiones y la vida cotidiana es un desafío. El mundo se percibe como inseguro y todo se percibe como un riesgo. Hay poca atención plena o presencia. La velocidad, cautela, nerviosismo y altibajos están a la orden del día. Los apegos ansiosos se manifiestan como empalagosos, desconfiados, con muchas necesidades o expectativas poco realistas de los demás. Es una sensación de montaña rusa. Espero que empieces a identificar cuáles de esos estilos se aplican a ti.

Tal vez uno o dos sean más dominantes que los demás. Recuerda que esos patrones, aunque forman parte de tu historia, no tienen por qué dictar el resto de tu vida. Sanar siempre es posible. Tal vez haya momentos en que ciertos estilos se activen más debido a los acontecimientos de la vida. Pero siempre puedes elegir cómo reaccionar y tratarte. En esencia, puedes darte lo que antes te faltaba.

Esta consciencia te ayudará a comprender mejor el componente emocional de la ansiedad. También a identificar qué estilos de vida aplicas al lidiar con las emociones ansiosas.

Quizá tu yo ansioso, durante sus años de formación, no aprendió que tú, los demás, el mundo y el futuro por lo general están a salvo, a pesar de las adversidades que existen. En cambio, aprendió lo contrario: nada es seguro, predecible ni cierto. Es probable que ese aprendizaje nunca se llegara a actualizar en la edad adulta.

En última instancia, explica los siguientes cambios emocionales cuando ocurren:

- Hipervigilancia
- Hiperactivación emocional
- Sensibilidad
- Reactividad
- Retraimiento
- Ira
- Desestabilización

PARTE 3:
CÓMO CUIDAR DEL YO ANSIOSO EMOCIONAL

El propósito del yo ansioso emocional

Como todas las partes de tu yo ansioso, el componente emocional tiene un propósito. Esta parte de ti está asustada, incluso aterrorizada. Necesita a alguien a quien acudir cuando tiene ansiedad.

Pregunta:

«¿Quién me consolará?».
«¿Quién me tranquilizará?».
«¿Quién me calmará?».
«¿Quién cuidará de mí?».

¡Viene a ti bajo la apariencia de sentimientos de ansiedad!

Cada sentimiento que experimentas cuando tienes ansiedad es esa parte de ti diciéndote que:

Necesita tu ayuda.
Necesita tu consuelo.
Necesita tu seguridad.

Necesita que la cuides.

Necesita que la apoyes y no la abandones.

Por lo tanto, los sentimientos de ansiedad tienen un propósito. Necesitan que los escuches, les respondas y los cuides hasta que puedan pasar sin peligro.

El rito de paso de las emociones

Todas las emociones requieren un compromiso por tu parte para permitirles fluir de principio a fin. Tienen un rito de paso.

Tienen un punto de inicio, que suele ser un detonante interno o externo.

Luego se incrustan, esperando a que les respondas.

Cuando respondas y la emoción haya completado su viaje, se disipará.

Es una especie de estado energético que sigue un camino natural. Piensa en las emociones como en un semáforo:

- Rojo: Emoción desencadenada que te hace detenerte en seco.
- Amarillo: La etapa de integración esperando tu respuesta.
- Verde: Emoción procesada y respondida de manera apropiada.

Hay un orden y un proceso a seguir.

Si estás dispuesto a afrontar las emociones y atender la necesidad (sea cual sea), la calma llegará pronto. La luz está en verde y estás listo para seguir.

Esto es, por supuesto, idealista. La condición humana es compleja, al igual que la forma en que interactuamos con nuestras emociones. Podemos quedarnos estancados en rojo o amarillo, o intentar pasar directo a verde sin seguir el proceso. Algunas personas ignoran las luces por completo, lo cual constituye una forma de disociación. Por supuesto, las respuestas habituales adictivas abarcan todo eso.

Entender por qué las emociones necesitan pasar: la analogía de la caca

Muchas personas no quieren sentir emociones difíciles, y mucho menos permitirles seguir su camino completo. Algunas emociones son incómodas, y tal vez parezca prudente evitarlas, eliminarlas o deshacerse de ellas lo antes posible. Me recuerda a los *daleks* de *Doctor Who*: ¡EXTERMINAR, EXTERMINAR! Claro, esto no suele ser un problema con las emociones positivas.

Le estaba explicando eso a un paciente y, de manera sorprendente, me dijo: «Eso es como intentar parar la caca cuando necesitas ir al baño». Mientras intentaba asimilar su analogía (y no reírme), me explicó su razonamiento, que constaba de cuatro partes:

1. Intentar contenerla es incómodo.
2. Es posible que no puedas contenerla y te ensucies.
3. En algún momento pasará.
4. ¿Por qué querrías aferrarte a ella de todos modos?

Ahí estaba. Una explicación bastante rudimentaria, pero brillante, de los problemas emocionales:

Tratar de resistirlos es incómodo.

A veces la emoción saldrá de todas formas y eso resultará complicado si no cooperas.

Nos guste o no, las emociones siempre encontrarán la manera de salir.

Tampoco es sensato aferrarse a ellas o exagerar.

¿Quién necesita teorías complejas cuando tenemos explicaciones dentro de la vida cotidiana?

¿Qué se interpone?
La adicción al bloqueo y al apego

Estoy seguro de que no te sorprenderá saber que las personas también establecen relaciones adictivas y habituales con sus emociones. No es fácil esperar con compasión a que una emoción se transforme en un semáforo de rojo a verde.

Observo que esto se desarrolla de dos maneras:

1. La gente se vuelve adicta a intentar bloquear los semáforos; es decir, se vuelve adicta a cualquier cosa que le ayude a evitar el procesamiento del sentimiento.
2. La gente se queda atrapada en los semáforos; es decir, es adicta a la sensación (aunque sea incómoda), ya que la idea de salir por el otro lado tal vez le parezca desconocida o insegura.

En clínica eso se conoce como evitación o sobreidentificación/dependencia. Para simplificar, los llamaré «bloqueadores» y «apegados».

Todos podemos fluctuar entre ambos roles según el contexto o las circunstancias. Recuerda que ambos tienen características adictivas que refuerzan tanto la adicción como la ansiedad. Ninguno de los dos es saludable a largo plazo, así que les daremos la bienvenida (no dejes el libro... por si acaso te sientes tentado a evitar esta sección. ¡No se puede engañar a quien sabe engañar!).

Los bloqueadores

Algunas personas bloquean las emociones (las evitan, las niegan, las reprimen, las insensibilizan, les huyen, etcétera). Creo que muchos somos hábiles constructores de cualquier cosa que nos proteja de sentir.

El problema es que la evasión dificulta el proceso emocional. El proceso no puede completarse debido a bloqueos, obstáculos o resistencias de la persona que experimenta las emociones, es decir, TÚ.

En el contexto de la ansiedad, las emociones bloqueadas provocan más ansiedad. La evitación a corto plazo conlleva problemas a largo plazo. La investigación lo respalda con firmeza.

Los apegados

Algunas personas confían demasiado en las emociones, sobre todo cuando se trata de la ansiedad. Pueden apegarse demasiado a ellas con la expectativa de que las mantendrán a salvo. Por ejemplo, pensar: «Si no tengo ansiedad, podría pasar por alto algo que lo arruine todo».

Puedes desarrollar una relación habitual y poco saludable con las emociones con ansiedad. Me atrevo a decir que incluso puedes hacerte dependiente de ellas. Sin ellas, la vida tal vez parezca arriesgada o insegura. Las emociones te mantienen «alerta». Soltarlas da miedo. Todo eso contribuye a mantener un estado de ansiedad.

En última instancia, la respuesta emocional adictiva coexiste con el deseo de seguridad y supervivencia. ¡La noticia de última hora que merece la pena mencionar es que tú sigues siendo un factor clave de tu ansiedad! Podrías ser adicto a bloquear los sentimientos, incluso a los propios sentimientos.

Lo que de verdad quiero que entiendas es que no estás *lidiando* con los sentimientos. No les estás permitiendo su rito de paso. Esta es una gran razón por la que es probable que tengas ansiedad.

Necesitas interrumpir ese patrón. Tienes que salirte más del camino. Debes empezar a dar marcha atrás. Estas emociones necesitan pasar. ¿Te imaginas lo ligero que te sentirías si lo permitieras?

Dejar fluir la emoción: el comienzo de la libertad

Muchos programas para la ansiedad se centran en diversas acciones para controlarla. Siendo justos, eso es apropiado para algunos de sus aspectos, en especial el componente físico.

La parte emocional de tu yo ansioso requiere una respuesta mucho más íntima, humana y relacional. Esto quizá parezca demasiado simplista o tu mente con ansiedad podría buscar más. Te aseguro que no hay nada complicado que hacer.

Voy a guiarte a través de un método para explorar con curiosidad la emoción de la ansiedad y cualquier sentimiento que la acompañe.

La esencia de esta parte del trabajo es dar un espacio para que la emoción fluya mientras permanecemos abiertos a lo que intenta comunicarnos.

Sin duda, la emoción y los sentimientos pueden ser incómodos o angustiantes. Quiero que lo «normalices» y explores cómo podrías responder a la angustia que te genera tu yo emocional con ansiedad.

Es comprensible que la mayoría de las personas se resistan a la incomodidad que traen las emociones. Pero esta incomodidad sirve para llamar tu atención, al igual que el dolor físico.

La incomodidad o la angustia no te harán daño a corto plazo. Sin embargo, no es aconsejable permanecer en un estado de estrés crónico a largo plazo, ya que tiene consecuencias negativas para la salud. Te animo a que veas la incomodidad como una oportunidad para responderte a ti de forma más amable y compasiva. Lo afirmo con absoluta seguridad: es una de las respuestas más poderosas para aliviar el dolor emocional.

Para aclarar esto, te pediré que imagines una situación en la que seas consciente de la presencia de tu yo emocional ansioso. Eso tal vez esté acompañado de otros sentimientos como miedo, pavor, desesperanza, etcétera, como ya hemos comentado.

Como se describe en el capítulo 4 (revisa la página 87), tus primeras acciones siempre serán desactivar el estado de alarma en el cuerpo para permitir una mayor sensación de regulación. No te preocupes, la ansiedad seguirá presente. Ahora sabes por qué sucede y cuál es su función.

Los siguientes pasos son solo para satisfacer tres necesidades clave del yo emocional:

1. El rito de paso de la emoción.
2. Responder a la necesidad de la emoción.
3. Dejarla ir.

Esto se puede facilitar siguiendo las sugerencias de un acrónimo muy apropiado para esta sección: HEART (que significa «corazón» en inglés).

- **H**elp (ayuda)
- **E**mbrace (acoge)
- **A**ccept (acepta)
- **R**espond (responde)
- **T**rust and let go (confía y suelta)

Help (ayuda)

Recuerda siempre que los estados emocionales suelen estar vinculados a necesidades insatisfechas o problemas sin resolver. Las emociones surgen cuando algo necesita tu ayuda. Comenzar con esa consciencia permite que la emoción esté presente para que puedas responder: «Estoy dispuesto a tenderte la mano».

Embrace (acoge)

No solo estás dispuesto a ayudar, también a acoger las emociones y sentimientos como huéspedes bienvenidos. Puedes visualizar tu yo ansioso en un estado de miedo y decidir incluirlo en lugar de rechazarlo. Eso ayudará a que la emoción fluya en lugar de estancarse.

Accept (acepta)

Aceptar la emoción y los sentimientos tal vez parezca contradictorio, pero es un gesto contundente que demuestra que ya no estás dispuesto a abandonar, rechazar o repudiar esa parte de ti. Refuerza aún más el rito de paso: el derecho a que la emoción esté presente, sea escuchada y luego fluya.

Respond (responde)

La curiosidad y la apertura a lo que comunica la parte emocional de tu yo ansioso son cruciales. Pregúntale qué necesita. ¿Por qué ha surgido? ¿Cómo puedes ayudarla? Asegúrale que te comprometerás a cuidarla. Observa cómo la ansiedad se alivia con rapidez al hacerlo.

Trust and let go (confía y suelta)

Tras seguir los pasos anteriores, dedicaste tiempo, espacio y compasión a procesar las emociones.

No las bloqueaste. Tampoco intentarás aferrarte a ellas como una forma de seguridad o identidad. Es hora de recuperar la confianza en que ha estado bien que el sentimiento pasara.

También es momento de confiar en que puedes soltar y dejarlo ir.

NO ABANDONES NUNCA LA EMOCIÓN

Mi último punto es otro refuerzo que repito innumerables veces cuando trabajo con un paciente en terapia.

Es probable que mucho de lo que he dicho en este capítulo sea lo contrario a cómo sueles gestionar tus emociones. Algunas cosas podrían sonar extrañas, poco realistas o descabelladas.

Te pido que confíes en mí. Esto funciona. Lo veo en mi práctica todos los días.

Como humanos, somos expertos en abandonar a nuestro yo emocional. Nunca abandones la emoción. Eres todo lo que tiene.

RESUMEN DEL CAPÍTULO

○ Comprender la mecánica de la ansiedad como parte emocional de tu ser es parte del camino hacia la recuperación.

○ Las emociones y sentimientos asociados con la ansiedad son variados, con matices y serán distintos según las circunstancias.

○ Tu yo ansioso emocional se desarrolló debido a una multitud de factores. Tus experiencias pasadas son fundamentales.

○ Cómo te relacionas con tu yo ansioso emocional es el aspecto más importante de la recuperación.

○ La ansiedad, como emoción, tiene un camino que recorrer. Tu papel es facilitar su tránsito con compasión.

○ La adicción es la raíz de los desafíos de tu yo ansioso emocional. Esto se manifiesta de dos maneras: la adicción a bloquear los sentimientos o el apego excesivo a ellos. Ambas son disfuncionales y te mantienen estancado.

Pensamiento final

En la valentía de sentir permitimos
la posibilidad de sanar.

6

Cómo desconectarse de los pensamientos de ansiedad

Resumen rápido

Este capítulo se centrará en los componentes adictivos del pensamiento. Comenzaré recapitulando de manera breve lo que hemos visto en los capítulos anteriores.

- En los primeros tres capítulos, conocimos tus partes con ansiedad, exploramos el componente adictivo de la ansiedad y comprendimos el papel que desempeñas en perpetuarla.
- En el capítulo 4 (página 77) analizamos los rasgos de dependencia que suelen acompañar a la ansiedad en el cuerpo. Después comenzamos el proceso de interrumpirla. Esto es esencial para reducir los síntomas de lucha, huida o parálisis. Otros aspectos de la ansiedad no pueden controlarse con eficacia hasta que el cuerpo supere el estado de alarma. Este es siempre nuestro punto de partida.
- En el capítulo 5 (página 107), abordamos el yo ansioso emocional y la importancia de darles espacio a las

emociones con ansiedad. También exploramos lo que estas pueden comunicar y cómo dejarlas pasar.

- La siguiente etapa de nuestro trabajo consiste en centrarnos en el «pensamiento» como otro epicentro de la experiencia de ansiedad. Este también se asocia con patrones adictivos.

LA MENTE

La mente es un órgano increíble. Sin ella no funcionaríamos. No tomaríamos decisiones racionales. No seríamos capaces de planificar, organizar, responder ni reaccionar. No crearíamos. No innovaríamos. En definitiva, no sobreviviríamos.

Por otro lado, la mente puede ser problemática. Según algunos informes neurocientíficos, tenemos entre sesenta y ochenta mil pensamientos al día. Se estima que alrededor del setenta por ciento son de naturaleza negativa. Entre ellos, la ansiedad ocupa un lugar destacado, ya que muchos pensamientos negativos están vinculados a procesos de ansiedad o miedo.

La mente es sinónimo de pensar. La ansiedad se alimenta de los pensamientos. Los pensamientos de ansiedad son adictivos. La mente juega un papel central en tu ansiedad.

CÓMO SE DESARROLLA LA ADICCIÓN AL PENSAMIENTO DE ANSIEDAD

Nunca he conocido a una persona con ansiedad que no haya descrito una guerra con sus pensamientos. Todos los pacientes informan de apego a ellos. Tal vez reconozcas esto como sobrepensar. Yo lo describo como pensamiento adictivo.

Existe una sección del cerebro llamada amígdala. Es una estructura de dos partes, pero se considera una sola área cerebral, ubicada dentro del lóbulo temporal. Las respuestas de miedo que experimentamos se producen en el hemisferio derecho. Es una función necesaria para la supervivencia en momentos de peligro o amenaza real.

La amígdala, cuando se activa o se hiperactiva, llevará a la mente a crear historias, imágenes, imaginaciones o posibilidades que cree que ayudarán a minimizar el peligro o el daño. En pocas palabras, cada síntoma de ansiedad que experimentas comienza con la activación de la amígdala, que prepara de inmediato al cuerpo.

Tengo un amigo al que no le gusta volar. Cuando viajo con él, busca confirmaciones reiteradas de que todo estará bien. Dice cosas como:

«¿Y si nos estrellamos?».

«¿Cómo podría salir?».

«¿Sería mejor un asiento de en medio?».

«¿Puedo hablar con la tripulación para ver si hay algún problema?».

«¿Qué es ese ruido? ¿Debería avisar a la tripulación?».

Se sumerge de manera profunda en la narrativa de su mente. Su mente con ansiedad explora todas las posibilidades en un intento por mantenerlo a salvo. No puede resistirse a escucharla. Es adicto.

Alguien sin síntomas de ansiedad reaccionará a la amígdala cerebral cuando lo necesite, es decir, en momentos de peligro o amenaza real. Más allá de eso, ignorará sus gritos. No se involucrará con los pensamientos de ansiedad exagerados. No los tomará tan en serio como para llevarlos a cabo.

Alguien con ansiedad hará lo contrario. Tomará la mayoría de los pensamientos al pie de la letra e investigará con la precisión de un detective privado. Los pensamientos tienen importancia.

Ignorarlos será arriesgado. Considerará que una mente ocupada es positiva. Una mente tranquila genera inquietud. Pensar se considera esencial para reducir la ansiedad.

Y así, la receta para la adicción a la ansiedad está preparada, al igual que los ingredientes para los pensamientos de ansiedad.

LAS CUATRO CUALIDADES DE LOS PENSAMIENTOS DE ANSIEDAD

Esos pensamientos tienen cuatro cualidades notables que merece la pena tener en cuenta:

- Drama
- Detalle
- Distracción
- Ganancia

Los pensamientos de ansiedad en sentido general vienen con algunos temas identificables:

- ¿Y si…?
- Es una catástrofe
- No te arriesgues
- Evítalo
- Comprueba dos veces
- Retrasa
- Busca tranquilidad
- Retírate
- Resiste
- No puedes estar seguro

- No lo hagas
- ¿Cómo pudiste pensar eso?

Drama

Los pensamientos de ansiedad son dramáticos. Quieren llamar tu atención, así que se montan un largometraje hollywoodense para que reacciones. La próxima vez que tengas ansiedad, observa cómo tu mente se dirige al peor escenario posible. En un momento te preocupa perder el trabajo y al siguiente estás en la calle, sin hogar.

Estás preocupado por un bultito que te has encontrado. De inmediato, ya estás diciendo tu último adiós. Has notado que tu pareja usa un nuevo perfume o colonia... y ya estás firmando los papeles del divorcio.

La intensidad y el dramatismo de los pensamientos de ansiedad son atractivos. Tu yo ansioso quiere cautivarte, así que no te va a ofrecer una producción floja. Se desboca con pensamientos, imágenes e imaginaciones muy dramáticas para captar tu atención. Y te enganchas cada vez. Es como ver una película de la que no te cansas.

Detalle

Siempre me fascina pedirle a un paciente que describa sus pensamientos de ansiedad. Los detalles son fenomenales.

Cada línea de pensamiento viene con explicaciones, argumentos, posibilidades, conspiraciones y muchas advertencias.

Hay un contraargumento para cada respuesta racional ofrecida. Por ejemplo, Jess, una paciente, se preocupaba por una tragedia que ocurría en la zona donde vivía. Cuando exploramos las respuestas racionales a su preocupación, esta se presentaba con argumentos sólidos:

«¿Qué pasa con el acontecimiento de la semana pasada?».

«¿Leíste sobre X en el periódico?».

«No lo sabes con certeza».

«¿Cómo puedes estar seguro?».

Al igual que con el componente dramático de los pensamientos de ansiedad, cuanto más «enganchado» estés con el detalle, más pensamientos te proporcionará.

¡El demonio de verdad está en los detalles!

Distracción

Los pensamientos de ansiedad tienden a surgir sin previo aviso con el propósito de distraerte y descarrilarte.

¿Cuántas veces has estado ocupado con tu día cuando, de repente, te distraes con un pensamiento aterrador o preocupante que te pilla por sorpresa? En un momento estás viendo tu película favorita… y al siguiente estás en guerra con tu mente.

A veces, recibes una alerta de que el tren de la ansiedad de las 8.15 está en camino. ¡Otras estás en el Expreso de Oriente rumbo a la ciudad de las preocupaciones y no hay forma de bajar!

Espero que eso te ayude a entender por qué a veces puedes sentir que estás «nervioso» o «en guardia». Muchos pensamientos son, por naturaleza, automáticos. Los pensamientos de ansiedad son una versión intensificada.

En mi consulta oigo a muchos pacientes preocuparse por cuándo les llegará el próximo episodio de ansiedad. Les genera ansiedad estar ansiosos.

Por fortuna, como descubrirás, hay una manera de solucionar esto. Hablaremos más sobre ello en breve.

Ganancia

Todas las adicciones vienen con la promesa de una ganancia secundaria.

Los pensamientos de ansiedad son muy atractivos porque la gente quiere tener seguridad por encima de todo. La ganancia es la supervivencia.

La ansiedad lo sabe. Aparece coqueteando y creando pensamientos protectores y angustiantes, disfrazados de salvadores. Es como una adaptación inversa del proceso placer-dolor.

Los pensamientos de ansiedad crean incomodidad, pero con la recompensa de la supervivencia. En un mundo de tanta turbulencia, inestabilidad e incertidumbre, esta es una promesa muy atractiva y adictiva.

CÓMO SABER SI ERES ADICTO AL PENSAMIENTO DE ANSIEDAD

Así se suele escuchar la descripción de una mente con ansiedad:

- No se calla.
- Tiene una imaginación desbordante.
- Es impredecible.
- Es contundente.
- A veces no tiene sentido.
- Está disponible las veinticuatro horas.
- Puede ser cruel.
- Puede pensar lo peor.
- Predice.
- Busca problemas.
- Crea historias o imágenes perturbadoras.
- Le gusta que la escuchen.

- No se rinde con facilidad.
- Puede ser un fastidio.
- Me da historias, imágenes o predicciones que no puedo dejar pasar.

Con frecuencia leo esas declaraciones en voz alta durante los actos a los que acudo y pregunto a los asistentes con cuáles se identifican. ¡A veces un gran porcentaje de la sala se identifica con la mayoría de las afirmaciones! No estás solo.

TRATAR A TU MENTE COMO EL ENEMIGO

En esta etapa quiero enfatizar el papel que la adicción al pensamiento juega en tu ansiedad. Estás tratando a tu mente con ansiedad como una enemiga en lugar de una amiga. Esto explica por qué:

- Te sometes a ella.
- Te involucras demasiado con ella.
- Crees en ella.
- Te intimida.
- La evitas.
- Te adormece.
- Huyes de ella.
- Le gritas.
- Peleas con ella.
- La alimentas con más miedo.
- Le permites manejar tu vida.

Todo esto agrava la experiencia.

En resumen, tienes una relación disfuncional con tu mente y pensamientos. ¡Podrías decir que vives con el enemigo!

Tu mente crea los pensamientos, pero sin darte cuenta los mantienes activos debido a la forma en que te relacionas con ellos. Ya sabes que tus pensamientos de ansiedad vienen con buenas intenciones, es decir, para protegerte.

¿Puedes ver cómo una respuesta hostil y conflictiva, aunque comprensible, aviva aún más los pensamientos?

Los pensamientos no necesitan que luches contra ellos. Necesitan que respondas con franqueza y calma. Necesitas interruptores automáticos para cambiar estos hábitos. He creado dos interruptores clave:

1. Una nueva relación con tus pensamientos.
2. El arte de dejar ir.

PRIMER INTERRUPTOR: UNA NUEVA RELACIÓN CON TUS PENSAMIENTOS

No vamos a detener, desterrar, erradicar ni apagar tus pensamientos. Habrá tiempo suficiente para eso cuando estés muerto.

No intentamos reemplazar los pensamientos de ansiedad con «pensamientos positivos». No creo que eso cambie los patrones. Sí, puede brindar alivio a corto plazo. Pero, en mi experiencia, los pensamientos de ansiedad siempre encuentran la manera de volver.

Eso no es una crítica a los modelos de psicología positiva para el tratamiento de la ansiedad. Si te funcionan, úsalos. Nosotros vamos por una ruta diferente.

Estoy convencido de que el apego a los pensamientos y la forma en que te relacionas con ellos causan las mayores dificultades. Aquí es donde prospera la adicción.

El momento en que me di cuenta de que no era mis pensamientos fue un punto de inflexión en mi vida. Estaba leyendo el clásico de Eckhart Tolle, *El poder del ahora*. De manera inexplicable, algo cambió.

Me di cuenta de que podía observar mis pensamientos y dejarlos ir y venir. No eran personales. No decían nada sobre mí. A menudo no tenían sentido. A veces eran historias muy dramáticas. Algunas, aterradoras. Otras, un completo disparate.

Sé que a ti te pasa lo mismo. Un buen punto de partida es conocer los pensamientos que crean dificultades.

Identificar pensamientos problemáticos

No voy a demonizar el pensamiento en su conjunto. A veces necesitamos pensar al tomar decisiones, sopesar opciones, resolver un problema, hacer planes y demás.

También disfrutamos de algunos pensamientos. Pensar en un buen recuerdo. Fantasear. Emocionarnos con un futuro viaje o un acontecimiento emocionante de la vida. Pensar en alguien a quien queremos. Recordar un gran éxito o logro. Esos pensamientos no suelen molestarnos. Eso no ocurre con los pensamientos más difíciles. Todos experimentamos pensamientos oscuros.

El pensamiento de ansiedad suele simplificar en exceso, reduciéndolo a pensamientos de preocupación o miedo. Una mente con ansiedad es una mente llena de todo tipo de cosas.

Todos tenemos pensamientos que guardamos en privado. Hay varios estudios que lo demuestran. Miles de personas entrevistadas han reconocido de manera anónima los siguientes tipos de pensamientos:

- Sexualmente violentos
- Sexualmente inapropiados
- Violentos

- Blasfemos
- Irracionales
- Compulsivos, por ejemplo, saltar delante de un coche
- Gritar improperios en público
- Ira
- Pensamientos, deseos o acciones destructivos
- Pérdida de control

Hay muchos otros.

Es normal tener esos pensamientos. Todos los tenemos. Solo son fenómenos mentales. Pero alguien que lucha con la ansiedad puede angustiarse por ellos. Puede atribuirles un significado o importancia, lo que, en consecuencia, desencadena una espiral de preocupación adicional.

Una persona que no sufre de ansiedad prestará poca atención a los pensamientos oscuros o inusuales. Permitirá que aparezcan y desaparezcan.

Una persona con ansiedad puede aferrarse a pensamientos más oscuros y añadir juicios como «soy» o «estoy»:

- Malo
- Fuera de control
- Pecaminoso
- Indigno
- Impotente
- Loco
- Asqueroso
- Enfermo
- Condenado

NO ERES NADA DE ESO.

Un pensamiento te hace humano. Nada más. No eres tus pensamientos. Es el significado que le atribuyes al pensamiento lo que crea el problema.

¿Con qué frecuencia alguno de tus pensamientos «difíciles» o «más oscuros» se materializa en algo? Sé con absoluta confianza que la mayoría de la gente responderá que nunca.

Ya es hora de cambiar tu relación con los pensamientos y romper tu apego a ellos.

SEGUNDO INTERRUPTOR: EL ARTE DE DEJAR IR

Estoy seguro de que has oído el consejo: «Déjalo ir». También estoy seguro de que has fracasado de manera estrepitosa. Yo mismo lo he hecho.

Dejar ir los pensamientos, sobre todo cuando su contenido está relacionado con la ansiedad, no es fácil. ¡El instinto nos lleva a aferrarnos a ellos como si nos fuera la vida en hacerlo!

Así es como suena en la mente de la mayoría:

«¿Cómo lo puedo dejar ir? No es posible».
«¿Y si el pensamiento es correcto?».
«¿Y si algo sale mal?».
«¿Y si algo se me escapa?».
«Siempre me preocupo, así que esto no me parece correcto».
«Es demasiado arriesgado».

Las investigaciones indican que alrededor del noventa por ciento de nuestras preocupaciones no terminan en nada. El diez por ciento restante rara vez es tan terrible como imaginamos.

Soy consciente de que es posible que hayas experimentado adversidades en la vida, así que no estoy minimizando nada al decir que las cosas terribles no ocurren.

Sí suceden. Lo sé. Pero teniendo en cuenta que es poco probable que lo hagan, ¿vale la pena permanecer atrapado en un estado de ansiedad?

No soy matemático, aunque sé que un análisis de coste-beneficio me ayudaría.

Sé que tal vez estés pensando: «Pero ¿cómo lo dejo ir?». Tengo respuesta para esa pregunta.

Cómo dejar ir

Preparé una técnica llamada *AWOL* para ayudarte con eso. Consiste en cuatro sencillos pasos.

Acknowledge (reconoce)
Watch for old habits (ubica viejos hábitos)
Observe (observa)
Let go (suelta)

En el contexto militar, *AWOL* se usa para referirse a alguien que se ha escapado o desertado sin autorización. Creo que los pensamientos pueden empezar a desaparecer sin permiso. O sea, sin involucrarte demasiado. En lugar de esforzarte mucho en eliminar o replantear los pensamientos, permitirás que se disipen de manera natural.

¡Estás permitiendo que se vayan!

AWOL: LOS CUATRO PASOS PARA LA DESVINCULACIÓN

Esta técnica se basa en todo lo que has hecho hasta ahora.

El método consiste principalmente en desprenderse de los pensamientos inútiles, pero con una actitud respetuosa y de aceptación.

La desconexión reducirá la actividad cognitiva en tu cerebro, lo que mejorará tu ansiedad. En otras palabras, estás rompiendo el patrón de sobrepensamiento y la metacognición (muchos pensamientos). Cuanto más se dé cuenta tu cerebro con ansiedad de que no estás demasiado involucrado, más probable será que se retire.

Desde una perspectiva neurocientífica, esta técnica busca reducir la actividad caótica de las vías neuronales en el cerebro. En resumen, se reduce la interacción con los pensamientos para que la mente se tranquilice y se reduzca la ansiedad general.

Esta desconexión respetuosa busca mantener una relación positiva y compasiva con tu ansiedad. Nunca se trata de forma negativa ni con resistencia. Por lo tanto, es más probable que sea obediente contigo.

Empezamos reconociendo.

Acknowledge (reconoce)

Reconocer tus pensamientos de ansiedad con franqueza es una acción poderosa. Es lo opuesto a las respuestas evasivas que alimentan tu ansiedad. Reduce la intensidad porque eliminas la resistencia.

Visualiza lo que ocurre si bloqueas el agua del grifo con el pulgar. Se acumulará agua hasta que retires el pulgar. Si la presión es lo suficientemente fuerte, ¡el grifo podría explotar! Con razón la idea de «estallar» o «explotar» se usa en psicología humana.

Ser franco con tus pensamientos libera una especie de válvula de presión que permite que el pensamiento pase. Su orden natural es que vienen y van.

Necesitan que te quites del camino para que eso suceda. No hay necesidad de charlar, interactuar ni analizarlos. Son solo pensamientos que deben reconocerse con respeto.

Reconocer los pensamientos con franqueza permite que se produzca el flujo natural de su viaje.

Todos los pensamientos deben reconocerse y acogerse sin importar lo temerosos, incómodos o intranquilos que hagan sentir. No te pueden hacer daño.

Puedes angustiarte cuando te apegas demasiado a un pensamiento o lo relacionas con un hecho. La decisión es tuya.

Watch for old habits (ubica viejos hábitos)

Los humanos somos criaturas de hábitos. En cuanto a tus hábitos adictivos con pensamientos de ansiedad, es probable que adoptes una actitud predeterminada. En otras palabras, «los viejos hábitos son difíciles de matar».

A pesar de las mejores intenciones al ser franco con tus pensamientos ansiosos y dejarlos pasar, una parte de ti anhelará seguir con tus viejos hábitos.

Las partes del cerebro responsables de ellos, llamadas ganglios basales, podrían reaccionar a este nuevo enfoque. Podrían generar un pensamiento como: «Esto no es lo que solemos hacer». Se sentirá raro, contraintuitivo, incluso aterrador.

Todo eso es normal y previsible. Te invito a que estés atento y ubiques bien tus viejos hábitos para ser consciente de ellos.

Te recomiendo encarecidamente que no sucumbas.

Con cada intento por resistir la tentación de recurrir a ellos, te acercas más a liberarte de la ansiedad. Cada nueva reacción es como un interruptor.

Observe (observa)

Recuerdo cuando le enseñé a Patrice, mi paciente, la técnica. Todo iba bien hasta que llegamos a la parte de «observar». Se rio de forma histérica ante mi sugerencia de registrar los pensamientos de ansiedad.

Describió sus pensamientos como si estuviera viendo una película de terror bajo los efectos de drogas alucinógenas. No quería observar esas cosas. En sus propias palabras: «Me estoy alejando de eso». Sabía que eso era evasión.

Le pregunté si alguna vez había analizado sus pensamientos de forma objetiva. No me sorprendió que no lo hubiera hecho.

Mi pregunta la dejó perpleja. Patrice creía desde hacía tiempo que ella *era* sus pensamientos. No le gustaba lo que estos representaban.

Cuando deconstruimos esa creencia, hizo grandes avances. Con el tiempo, aprendió a observar sus pensamientos como fenómenos mentales, como si fuera una espectadora externa, sin necesidad de participar o involucrarse.

Te sugiero que hagas lo mismo. Observa tus pensamientos de ansiedad solo como eso: pensamientos de ansiedad. No intentes encontrarles un significado, un valor, una importancia ni una guía.

Fíjate lo rápido que se calman cuando te desconectas. Ahora puedes soltarlos.

Let go (suelta)

Llegamos al punto crucial de nuestro trabajo en *Adictos a la ansiedad*: la capacidad de soltar.

La adicción se caracteriza por la dificultad para romper hábitos. En resumen, por la dificultad para dejarlos ir. Soltar esos pensamientos que te dan una falsa sensación de seguridad (aunque te causen angustia) no es sencillo, pero se puede lograr.

Cuando hayas reconocido con franqueza y ubicado el pensamiento de ansiedad, las opciones son:

- Aferrarte a él y seguir con ansiedad.
- Aceptar, soltarlo y sentirte más tranquilo.

Esto requerirá práctica, paciencia y mucha disciplina.

Soltar es una decisión deliberada. Se trata de aceptar que no necesitas aferrarte a la idea. No te compliques la vida pensando demasiado en ello. Cuanto más puedas hacerlo, más libre serás.

RESUMEN DEL CAPÍTULO

○ Nuestra mente es clave en la ansiedad y en cómo se forman los hábitos de pensamiento adictivos. Interactuar de manera excesiva con la narrativa mental contribuye a establecer los síntomas de la ansiedad.

○ Hay cuatro cualidades principales de los pensamientos de ansiedad que intensifican la experiencia: el drama, el detalle, la distracción y la promesa de ganancia.

○ Si consideras tus pensamientos de ansiedad como enemigos, sin darte cuenta los sigues perpetuando ahí.

○ El objetivo es crear una nueva relación con tus pensamientos de ansiedad y romper tu apego a ellos.

○ Puedes romper el hábito usando el método *AWOL*: reconoce, ubica viejos hábitos, observa y suelta.

Pensamiento final

El apego a pensamientos de ansiedad es una vida llena de miedo. El desapego siempre es una opción.

7

El granuja: comportamientos de ansiedad adictivos

Resumen rápido

Hasta ahora, en este libro hemos analizado el significado de la adicción a la ansiedad, su origen y los diferentes aspectos de tu yo ansioso. Ya conociste a tu yo ansioso físico, emocional y mental. Confío en que ahora los entiendes y reconoces lo adictivos que pueden llegar a ser. Sobre todo, espero que ya veas cómo puedes dejar esos hábitos que pueden causar dependencia con mis sugerencias.

Ahora te presentaré la siguiente parte de tu yo ansioso: se trata de tu yo «que actúa», es decir, tus comportamientos. A esta parte la llamo «el granuja».

En este capítulo, conocerás a tu granuja interior. Aprenderás también cómo interrumpir su comportamiento cuando sus acciones contribuyan a aumentar la ansiedad.

EL GRANUJA

El término «granuja» se suele atribuir a alguien que muestra comportamientos traviesos o descarados. Pone a prueba los límites, busca una salida o ve si puede conseguir lo que quiere con rapidez.

Se comporta como un adorable granuja. Incluso, puede ser contradictorio. No suele tener malas intenciones. ¡Es común llamar así a un niño pequeño, a un perro o, a veces (como en mi caso), a la pareja!

Todos llevamos uno dentro, sobre todo, cuando se trata de conductas destinadas a controlar la ansiedad.

¡He conocido a miles de granujas a lo largo de mi carrera!

He observado diferentes comportamientos que la gente usa para evitar, adormecer o deshacerse de la ansiedad, ya sea interna o externa. Ninguno de ellos es malo. Solo son formas de intentar controlar la ansiedad.

Pero hay un problema. El granuja mantiene la ansiedad a largo plazo. Hablaremos sobre eso más adelante.

A primera vista, el comportamiento del granuja se manifiesta de diversas maneras. Analizaré primero algunas de las características conductuales más generales antes de explorar la presentación clínica. Estas son algunas características típicas:

- El travieso
- El bromista
- El parlanchín
- El encantador
- El evasivo
- El que verifica
- El que distrae
- El llorón
- El gritón
- El que busca consuelo
- El frágil
- El que se hace la víctima
- El manso
- El silencioso

Esos rasgos de comportamiento se convierten en un medio para controlar la ansiedad. Son características conductuales **reales**, a diferencia de las características más sutiles o matizadas de los pensamientos o las emociones.

Todo comportamiento es una acción o inacción. Están impulsados o vinculados a otra parte de tu yo ansioso o a una amenaza externa. El objetivo es el mismo: seguridad y supervivencia. La diferencia clave con los comportamientos del granuja es que, sin importar si se trata de una característica activa o inactiva, probablemente será más detectable en comparación con el mundo interior de pensamientos y emociones. ¡Los comportamientos están vivos y activos!

En terapia suelo percibir las señales de ansiedad en cuestión de segundos. Todos sentimos su presencia. Es muy detectable y, a veces, una energía incluso contagiosa.

Voy a analizar esto con detalle para que entiendas mejor la personalidad del granuja desde una perspectiva psicológica.

LOS TRES ASPECTOS DEL COMPORTAMIENTO DEL GRANUJA

Existe cientos de comportamientos que se pueden asociar con la ansiedad. Como es obvio, no los enumeraré todos. Para facilitar su comprensión, los he dividido en tres aspectos del comportamiento que, en general, te ayudarán a comprender su mecanismo y función, ya sea para gestionar la ansiedad interna o para percibir una amenaza externa.

He presenciado estos comportamientos de manera continua a lo largo de mi carrera. Los veo manifestarse todos los días en multitud de historias humanas diferentes. Pero al profundizar un poco más, las funciones de los comportamientos son las mismas.

Así es para la mayoría de las personas, lo que probablemente te incluye:

- Batallar contra la vida: se exigen certezas; hay autosabotaje (luchar).
- Correr despavorido por tu vida (huir).
- Esconder la cabeza en la arena (paralizarse).

Te explicaré los tres, pero antes quiero que recuerdes que hay una razón de ser para cada uno de esos aspectos. Todos ellos te hacen humano. El problema aparece cuando pierden su equilibrio.

Las conductas que surgen de la ansiedad suelen ser reacciones a los mecanismos básicos: luchar, huir o paralizarse.

Es posible que haya momentos en los que te enfrentes a la ansiedad y te resistas (lucha). Quizá tengas episodios en los que quieras alejarte de todo y escapar de los desafíos (huir). Tal vez haya momentos en los que sientas la necesidad de detenerte y no hacer nada hasta que pase el miedo (paralizarse).

Algunos patrones son más fuertes que otros, dependiendo de las circunstancias o el contexto. Por ahora, la clave es solo reconocer y comprender los comportamientos adictivos que no ayudan con la ansiedad. No te preocupes, hablaremos de cómo deshacernos de ellos más adelante.

Batallar contra la vida

El mecanismo de lucha es una respuesta automatizada normal que se activa en momentos de amenaza. Esto es muy visible en nuestros amigos del mundo animal. Un perro, cuando se siente amenazado, puede reaccionar con agresividad para luchar contra aquello que ha interpretado como un depredador. De igual forma, a veces vemos el mismo comportamiento en los bares locales el fin de semana.

Creo que usamos la lucha de manera adictiva y más de lo que nos damos cuenta cuando gestionamos la ansiedad.

Se percibe la ansiedad interna (pensamientos, emociones, tensión corporal) como algo que debe superarse, como un enemigo que hay que vencer.

Las amenazas externas también se combaten de la misma manera. Los comportamientos comunican mensajes claros:

«Aléjate».

«No te acerques a mí».

«Te lo advierto».

«Iré a por ti».

«No me empujes».

«No me hagas daño».

«Me protegeré».

«Me defenderé».

La próxima vez que estés en un supermercado, conduciendo, haciendo fila, corriendo al trabajo, en un tren o en el aeropuerto, observa a las personas luchando contra algo. Pero ten en cuenta que, en realidad, podrían tener ansiedad.

Es fácil solo notar los gritos, las discusiones, la impaciencia, las reacciones, las prisas o las frustraciones. No consideramos que muchos de nuestros semejantes libran batallas en su interior que se desencadenan por el mundo exterior. En consecuencia, el yo ansioso activa comportamientos para combatir la amenaza.

Si una persona está en modo de lucha, puede presentar estos comportamientos clínicos:

- Insistencia en la certeza.
- Ira ante la ansiedad.
- Intolerancia.
- Conductas autocríticas.
- Comportamientos de autosabotaje vinculados a la frustración.
- Llevar la contraria a los demás.
- Estar a la defensiva.
- Mayores conflictos con los demás.
- Impaciencia consigo mismo, con los demás y con las circunstancias.
- Altas expectativas y exigencias de los demás.
- Retraimiento.
- Actitud agresiva (pasiva o activa).

Todas esas respuestas conductuales y muchas otras no enumeradas están impulsadas por el mecanismo de «luchar contra el enemigo».

Esos comportamientos son secundarios a un estado psicológico de hiperexcitación. Las acciones, reacciones y respuestas son intensas. Existe una sensación de inmediatez. Hay poco espacio para la reflexión. Es un estado de tensión que lleva a comportamientos muy intensos. La ansiedad, tanto interna como externa, resulta insoportable. Hay mucho en juego. La incertidumbre parece imposible de gestionar.

En un nivel básico, esos comportamientos son comprensibles. Es un intento de protegerse de un estado de euforia que predice el peligro. Las cualidades adictivas de esos comportamientos también lo son, ya que prometen una resolución rápida.

La realidad no podría estar más lejos de la verdad.

Intentar combatir, resistir y luchar contra los comportamientos de ansiedad, para intentar superarlos, en realidad los perpetúa.

Volverte contra tu yo ansioso al autoatacarte aumenta la sensación de amenaza. No creas seguridad, sino que agravas el miedo.

Insistir en la certeza (la necesidad de saber, controlar o de tener respuestas) solo sirve para aumentar la resistencia. Tu yo ansioso, en realidad, requiere una sensación de fluidez y tranquilidad. La resistencia no permite que eso suceda.

En resumen, la ansiedad no es algo contra lo que luchar. Es parte de la condición humana, algo que debemos aceptar y cuidar. Podemos agradecerle cuando nos ayuda y reentrenarla cuando nos perjudica. Nunca debemos verla como «el enemigo».

Correr despavorido por tu vida

Durante mis inicios como terapeuta, tuve un gran tutor que me recordó que, al tratar la ansiedad, es efectivo: «Ayudar a tu paciente a pensar que es como conducir un coche: frena más, acelera menos».

Eso siempre ha estado conmigo cuando observo en la práctica clínica que los pacientes con ansiedad a menudo necesitan reducir la velocidad.

Pensemos de nuevo en los mecanismos generales de la ansiedad: lucha, huida y parálisis.

Huir despavorido tiene sentido cuando tu cerebro te dice que tal vez debas huir del peligro. En casos de peligro real, eso podría salvarte la vida. En la mayoría de los casos, es una falsa alarma. Estás seguro, pero tu ansiedad percibe una amenaza mucho mayor de lo que en realidad es. Te dice: «¡Huye, algo terrible está pasando!», cuando no es cierto.

Tus comportamientos contribuyen a este drama psicoansioso y fomentan conductas de huida. Esas conductas se justifican como «por si acaso».

¡Entiendo muy bien ese patrón!

Al crecer en Belfast durante el conflicto norirlandés, estaba de manera instintiva programado para «huir despavorido». En aquel entonces, con frecuencia, esa era una respuesta conductual útil. Huir de disturbios, bombas o situaciones inseguras era sensato y necesario para sobrevivir.

Pero cuando esta respuesta continuó desarrollándose en situaciones por completo seguras, mucho después de los acontecimientos, la ansiedad aumentó.

Tendrás tu propia versión de lo que influye en tus comportamientos.

Merece la pena detenerse un momento a reflexionar sobre esto. Los siguientes ejemplos te ayudarán a identificar tus patrones:

Escape: huida visible de estímulos de ansiedad internos y externos.

Obsesión: fijación en la seguridad, la previsibilidad o evitar que las cosas salgan mal.

Compulsividad: rituales, conductas o acciones como medio para sentirse seguro.

Hiperactividad: estar de manera constante con la «mente» activa como una distracción de la ansiedad.

Ocuparse: estar «ocupado» de manera constante como un medio de distracción de la ansiedad.

Hipervigilancia: estar siempre en busca de problemas o riesgos.

Búsqueda de tranquilidad: buscar garantías en los demás de que todo está bien, ¿estoy a salvo ahora o debo correr?

Habla excesiva: hablar para evitar y llenar un espacio de ansiedad.

Estímulos excesivos: búsqueda de «subidones» como mecanismo compensatorio para afrontar la situación.

Sobrecompensación: más logros, más satisfacciones, más éxito para ayudar a gestionar los sentimientos.

Agotamiento: el precio de una vida huyendo de la ansiedad y el miedo.

Es común escapar de la realidad en comportamientos adictivos y ansiosos. Es comprensible.

La realidad es que no importa lo lejos que corras, no puedes huir de ti.

Siempre estás ahí.

Esconder la cabeza en la arena

Cuando crecíamos, mi madre usaba con frecuencia esta frase para motivarnos (criar a cuatro chicos no es fácil). Si no estudiábamos lo suficiente, nos recordaba: «No puedes esconder la cabeza en la arena». Ella creía en afrontar la vida.

Éramos «evasores» con la esperanza de evitar algún deber, expectativa, requisito o tarea.

El aspecto conductual de tu yo ansioso sin duda a veces te animará a «esconder la cabeza en la arena». Es probable que eso se deba a que evita la incomodidad de la ansiedad en sí o a que evita algo que te la genera. Esos comportamientos evitativos pueden ser de manera engañosa racionales, perversos y, por supuesto, adictivos.

A un nivel más primario, esas conductas alimentan el componente de bloqueo de la lucha, huida o parálisis. Esconder la cabeza en la arena puede considerarse una forma de parálisis. Si bien eso puede ser necesario en una emergencia extrema, rara vez se requiere en la vida cotidiana.

La gente se paraliza, sobre todo, porque no quiere lidiar con la ansiedad o sentirla. A veces, ambas cosas.

¿Reconoces alguno de estos comportamientos?

Evitar: encontrar formas de no sentir ansiedad o de salir de una situación.

Negar: pretender que no pasa nada.

Reprimir: reprimir o alejar los sentimientos.

Retrasar: posponer acontecimientos para encontrar alivio a corto plazo.

Neutralizar: encontrar formas de deshacerse del malestar repitiendo una acción con la esperanza de eliminar lo que esté causando la ansiedad, por ejemplo, neutralizar un pensamiento de ansiedad.

Anestesiar: adormecer sentimientos o experiencias con drogas, alcohol, comida, sexo, compras o cualquier sustancia/actividad.

Sepultar: una forma de negación más radical que implica una disociación total de experiencias y sentimientos.

Simular: crear una sensación falsa o exagerada de afrontamiento.

Aislarse: preferir estar solo en lugar de que alguien vea la lucha.

Tal vez hayas notado que estos comportamientos de inmovilización tienen un ritmo más lento que los de lucha o huida. Son una mezcla de acción e inacción. En algunos casos, son una forma de disociación. Es más fácil congelarse que sentir.

Si estos comportamientos expresaran sus motivaciones, dirían:

«Necesito esconderme».
«No va a pasar».
«No voy a sentir esto».
«No puedo con esto».
«Necesito insensibilizarme».
«Necesito alejarme».
«No pueden verme».
«Necesito encontrar un refugio».
«Necesito esperar a que esto termine».

En un momento de ansiedad, la justificación de esos comportamientos resulta atractiva. Pero el mensaje de «beneficios a corto plazo, consecuencias a largo plazo» es el mismo.

Como todas las conductas adictivas, rara vez cumplen lo que prometen. Esos comportamientos deberían ir acompañados de una advertencia, como los paquetes de tabaco: **«Esconder la cabeza en la arena te provocará más ansiedad»**.

Ahora que eres más consciente de algunos de los patrones de comportamiento que crean problemas con tu ansiedad, es necesario mirar más de cerca los componentes adictivos y su función.

LA NATURALEZA ADICTIVA DE ESTOS COMPORTAMIENTOS

Tal vez estés familiarizado o no con el término «conductas de seguridad», que suele mencionarse en los métodos tradicionales de gestión de la ansiedad. La premisa es que las conductas de seguridad a corto plazo, como la evitación o la búsqueda de consuelo, se utilizan para «sentirse mejor» con rapidez cuando se tiene ansiedad. Se suelen ver como una solución o alternativa rápida. A corto plazo, alivian, pero a la larga, alimentan el problema. Esto pasa porque refuerzan el círculo vicioso de la ansiedad a nivel conductual, cognitivo, emocional y neurológico. Dicho de otro modo: estas conductas avivan el fuego de la ansiedad.

No uso la premisa de las conductas de seguridad en nuestro trabajo. Voy a insistir más en este punto. Creo que uno puede hacerse adicto a esas conductas… y dejan de ser una respuesta u opción voluntaria. Se convierten en un comportamiento adictivo y automatizado. Es necesario cambiar esas respuestas.

En mi carrera, a diario veo personas enganchadas en comportamientos que intentan controlar su ansiedad. Emplean una variedad de métodos para evitar sentir o experimentar lo que les amenaza.

Traté a alguien que se negó a salir de casa durante diez años porque le daba demasiado miedo. No se trata de una simple conducta de seguridad. Es una trampa adictiva para evitar el mundo exterior.

Traté a alguien que necesitaba beber media botella de vodka cada mañana antes de ir a trabajar. Eso no es una simple medida de seguridad, sino una trampa en la adicción al alcohol para sobrevivir a la ansiedad.

Traté a una persona que pasaba varias horas al día consultando internet en busca de síntomas de problemas de salud. Como consecuencia, no podía trabajar, socializar ni desenvolverse en la vida cotidiana. De nuevo, eso no es un simple comportamiento de seguridad. Es la aniquilación de la vida de una persona, ya que se ve atrapada en «comportamientos de comprobación» destinados a controlar su ansiedad.

Sé que estos ejemplos parecen extremos, pero son reales. Eso sucede y está sucediendo ahora mismo. Las personas se hacen adictas a comportamientos que creen que les ayudan a afrontar situaciones y sobrevivir.

Seguro que tú también tienes tu versión. Tal vez no sea tan extrema, pero no la minimices, porque creo que es una parte importante de por qué te sientes «atascado».

EL DOBLE PAPEL DE ESTOS COMPORTAMIENTOS: CALMAR O SALVAR

Existen contradicciones en todos los aspectos de los mecanismos de ansiedad, pero esto se hace evidente cuando nos centramos en los comportamientos.

Todos sabemos que la ansiedad es incómoda, pero promete seguridad. Por lo tanto, dejarla ir no es fácil. Esos comportamientos se asocian con «salvarnos».

Por ejemplo, imagina que tienes una reunión de trabajo que requiere una presentación pública. La voz del granuja podría animarte a evitar la reunión porque la amenaza o el riesgo de humillación es demasiado grande. De igual modo, podría tentarte a pedir la opinión de todos tus contactos sobre si debes o no hacer la presentación. La función de este comportamiento es minimizar riesgos al máximo. En vez de calmarte, esta vez promete salvarte.

Al mismo tiempo los síntomas de ansiedad aumentan durante este proceso de «salvación». Las conductas dejan de evitar la situación inicial y pasan a calmar la incomodidad interna que la ansiedad ha generado. Ahora los comportamientos se concentran en apaciguar el malestar interno.

Es confuso, pero también adictivo. ¿Quién no quiere consuelo o alivio en estas vidas tan ocupadas y caóticas que solemos llevar? Nuestro mundo interior puede ser inestable. El mundo exterior puede parecernos inseguro. Los comportamientos de ansiedad se intensifican, prometiendo una «solución rápida» de alivio o relajación.

Es una promesa inútil. Es esencial interrumpir.

INTERRUMPIR LAS CONDUCTAS DE ANSIEDAD

Mencioné modelos tradicionales de gestión de la ansiedad que sugieren abandonar las conductas de seguridad (es decir, comportamientos que alivian la ansiedad a corto plazo, pero que la alimentan a largo plazo). No los estoy contradiciendo porque son correctos de manera técnica.

Mi problema es que solo abandonar las conductas de seguridad o dejarlas ir puede parecer fácil, ¡pero créeme que no lo es!

Cambiar las conductas relacionadas con la ansiedad es complicado por su componente adictivo, muchas veces inconsciente. Se necesita, por tanto, una estrategia firme y disciplinada; un enfoque «blando» no suele funcionar.

Sería increíble si pudiera decirles a mis pacientes que solo necesitan abandonar ciertos comportamientos, dejarlos ir y reemplazarlos por otros más saludables. ¡Me quedaría sin trabajo enseguida!

La mayoría de los terapeutas estarían encantados si los pacientes respondieran con entusiasmo y cumplieran estas sugerencias.

La realidad es que no suele ser así. Por fortuna, la psicología entiende por qué.

Los seres humanos no siempre somos abiertos y obedientes. Tenemos patrones, historias, egos, mecanismos de defensa y rasgos de resistencia. Así es y así debería ser. Sin esto, no hay crecimiento (y sería un mundo muy aburrido).

La otra cara de la moneda es que eso crea dificultades a la hora de cambiar las conductas adictivas. Te aseguro que si hablara con todas las clínicas de adicciones del mundo y preguntara «¿es fácil cambiar de comportamiento?», todas responderían que no, pero coincidirían en que es posible y que ocurre diario. Solo requiere esfuerzo.

Esa es la verdad que es importante afrontar al proponerse cambiar comportamientos o interrumpirlos. Para hacerlo se requiere valentía, convicción y determinación. Debe haber una razón válida para la interrupción. Requiere acción, compromiso y cierta determinación.

Con frecuencia oímos hablar de «disruptores» en el mercado. Son empresas o individuos que se abren camino y triunfan. Rara vez andan «de puntillas» ni se disculpan por su enfoque. Van tras lo que quieren y lo hacen realidad.

Quiero fomentar en ti la misma pasión por cambiar los comportamientos que te impiden vivir. Este enfoque nunca debe ser agresivo, despiadado ni carente de compasión, sino que debe implicar una responsabilidad plena.

Te propongo que lleguemos a un acuerdo entre nosotros: **«Si yo quiero que mi ansiedad mejore, necesito interrumpir los comportamientos dañinos que la mantienen activa».**

Observa cómo recalco el «yo». Nadie puede hacerlo *por* ti, te lo digo con sinceridad. *Tú* eres quien se hará responsable de tu avance.

Estoy seguro de que puedes hacerlo porque veo que sucede todos los días.

Dicho eso, debo advertirte que encontrarás obstáculos. Es normal y no hay nada que temer. Esos desafíos intentarán descarrilar tu progreso y hacerte volver a las viejas costumbres. Una vez que veas los obstáculos por lo que son (el yo ansioso, que tiene miedo al cambio), sabrás cómo superarlos.

OBSTÁCULOS QUE ENCONTRARÁS

Cualquier intento por alterar algo en la vida traerá consigo objeciones, protestas, resistencia y problemas. Eso es un hecho. Sería tonto e irresponsable por mi parte no resaltar lo mismo aquí.

Veo los cambios de comportamiento como la consolidación de todo lo demás en lo que has trabajado. Es como el pegamento que lo mantiene todo unido y ayuda a crear una vía abierta para la reestructuración neuronal que estás llevando a cabo.

Intenta no ver los obstáculos de forma negativa. Son necesarios para obtener un resultado más sólido.

Podría identificar cientos de obstáculos individuales, pero para facilitar la comprensión, los agruparé en cuatro categorías que abarcan la mayoría de las áreas. Son los siguientes:

- Dejarlo de golpe: retirar por completo comportamientos antiguos.
- Dependencia y ansia: extrañar y necesitar comportamientos pasados.
- Intolerancia e impaciencia ante molestias a corto plazo.
- Necesidad de control.

Dejarlo de golpe

Esta expresión es muy conocida en el mundo de las adicciones. Es un término que se utiliza para describir la experiencia de abandonar de manera total y abrupta una sustancia o conducta adictiva.

Es un hecho conocido que dejar los hábitos adictivos causa una gran angustia, sobre todo al principio. Eso se percibe de manera física, emocional, psicológica, incluso espiritual. Es como si todo tu cuerpo se rebelara contra el cambio.

He oído a gente describir este período como un «infierno», pero un camino esencial hacia la redención.

Al interrumpir algunos de los comportamientos relacionados con tu ansiedad, no espero que experimentes el mismo grado de abstinencia intensificada que se siente en la dependencia física a sustancias. Sin embargo, es probable que experimentes algún tipo de síntomas de abstinencia repentina.

Te has apegado a ciertos comportamientos (lo más probable es que durante mucho tiempo) para intentar controlar tu ansiedad. Creo que es prudente esperar algún tipo de reacción de retirada. La condición humana reacciona al cambio y busca lo conocido.

Algunos ejemplos de síntomas de abstinencia repentina que he presenciado cuando las personas alteran conductas de ansiedad incluyen:

- Aumento de la ansiedad física a corto plazo.
- Sensación de pánico.
- Duda sobre la decisión de cambiar.
- Aumento del consumo de sustancias o medicamentos para afrontar el malestar.
- Estallidos de frustración.
- Alejarse de actividades cotidianas.
- Volver a involucrarse en otros aspectos negativos de la perpetuación de la ansiedad.

Por supuesto, hay muchos otros, por lo que es posible que quieras anotar cualquiera que experimentes y que no esté en la lista.

Más adelante exploraré la forma gradual y sensata de hacer cambios. Por ahora, debo ser totalmente sincero: no será fácil. Mi difunta madre solía citar una expresión: «Las cosas suelen ser difíciles antes de ser fáciles». Con esto quería decir que si consideras los obstáculos como un problema, en eso se convertirán.

Intenta verlos como tus peldaños hacia algo mejor.

Dependencia y ansia

Estos tipos son parientes cercanos de dejarlo de golpe. Si fueran emojis, serían el pequeño diablo rojo, sentado en tu hombro susurrándote que vas por mal camino.

A medida que te embarcas en la colosal tarea de interrumpir tus comportamientos de ansiedad, irá surgiendo la dependencia para recordarte que no hay manera que puedas interrumpirlos ni cambiarlos. Intentará convencerte de que los «necesitas», de que dependes de ellos para sobrevivir. ¿No es verdad que gracias a ellos te has mantenido vivo hasta ahora? ¡No te recordará que el precio ha sido una vida llena de ansiedad incómoda y que la mayoría de los resultados temidos nunca habrían sucedido de todos modos!

El ansia será más tentadora y atractiva en sus intentos. Te preguntará:

> «¿No echas de menos estar relajado después de comer, beber, fumar o usar lo que sea que te ayude a relajarte un rato?».
> «¿No sería mucho más fácil quedarte como estás?».
> «¿No quieres algo que te ayude rápido?».
> «¿No te parece todo muy aburrido?».

Activará el deseo de viejos comportamientos alimentados por deseos, distracciones o soluciones.

Pienso en esos obstáculos como una visita al Moulin Rouge con sus promesas de entretener, distraer, emocionar y alejarte de la vida cotidiana.

Intolerancia e impaciencia

Ya sabes que la intolerancia a la incertidumbre es una característica dominante de la ansiedad. Por lo tanto, no te sorprenderá saber que los obstáculos a los cambios de comportamiento pueden presentarse en forma de intolerancia o impaciencia.

La intolerancia te hará luchar con la incertidumbre de hacer las cosas de otra manera. ¡Querrá saber con certeza qué significa todo esto! Mientras tanto, la impaciencia te hará cuestionar por qué no siente mejoría de inmediato.

Varios pacientes me han preguntado al final de las primeras sesiones por qué su ansiedad no ha desaparecido.

Debes reconocer que estas características son como los dos viejos gruñones de *Los Teleñecos*. Están listos para intervenir con sus opiniones y abuchearte en cualquier oportunidad: «No creo que esto esté funcionando», «¿Por qué tarda tanto?».

Necesidad de control

Como alguien que entiende la ansiedad de forma personal y profesional, puedo declarar una verdad absoluta: a la gente con ansiedad le gusta tener el control.

¿Te recuerda a algo o te incomoda? Si es así, no te preocupes, a muchos les pasa. Es normal en esta situación.

Una vez dirigí un equipo grande y un empleado comentó en mi evaluación que era bueno, pero que necesitaba ser menos controlador. Como os podéis imaginar, me sentí ofendido (¡un momento de sorpresa!). Sin duda, me gustaba dirigir con rigor. Necesitaba estar al tanto de todo. Siempre cumplía mis objetivos. Revisaba las reseñas del servicio con regularidad. Era puntual todos los días. Casi nunca faltaba por enfermedad. Asistía a la mayoría de las reuniones. Me gustaba recibir actualizaciones periódicas del equipo. ¿Eso me hacía controlador? Creo que ya sabes la respuesta. Fue un momento terrible, pero increíble porque era verdad.

A veces sentía ansiedad al dirigir un grupo tan grande, sobre todo por la cantidad de responsabilidades que tenía. En aquel entonces, me resistía a cambiar algunos de mis comportamientos. El control se convirtió en un obstáculo para mí, impidiendo que modificara algunas de las conductas que alimentaban mi ansiedad.

Solo te pido que consideres que quizá aparecerá una necesidad de control, y tal vez más aún cuando empieces a alterar tus comportamientos y conductas.

CÓMO INTERRUMPIR COMPORTAMIENTOS

Mencioné antes que creo necesaria una perspectiva más «contundente» para interrumpir las conductas que mantienen la ansiedad, en lugar de «solo dejarla ir». Abordarla requiere un poco más de energía. No me malinterpretes, es muy recomendable dejar ir, pero cuando se trata de interrumpir comportamientos, necesitarás un plan de acción. Esas conductas de «seguridad» volverán como una avispa alrededor de un helado a no ser que tengas una estrategia para alterarlas.

Te propongo este plan para cortar con las conductas que mantienen tu ansiedad. Puedes adaptarlo a las que consideres más importantes.

Entender por qué

Cualquiera que sea el comportamiento que estés intentando modificar, es esencial que tengas en mente **por qué** lo estás haciendo. Este conocimiento impulsa la motivación. Por ejemplo, si te concentras en no evitar una situación, recordarte por qué lo haces (para recuperarte de la ansiedad) te ayudará a comprender tus acciones. También te permitirá progresar.

Compromiso y responsabilidad

En mi experiencia, esta área es un desafío para muchas personas. Recuerdo que un paciente me dijo que estaba irritado por la ansiedad, ¡aunque no había buscado consuelo en dos días! ¿Por qué no había funcionado? Desafortunadamente, ese día no tenía mi bola de cristal conmigo... Espero que me entiendas.

Cambiar tu comportamiento requiere constancia, dar la cara una y otra vez, trabajando sin descanso para superar viejos hábitos. Unos días lo lograrás, otros serán todo un desafío. Así es como debe ser. Estás reestructurando tu cerebro, habrá altibajos.

Asumir la responsabilidad es fundamental. No es tarea de tus padres, pareja, amigos, médico, terapeuta, ni mía. Es tu responsabilidad. Por supuesto, busca ayuda cuando la necesites. Pero tú debes ser responsable de tu nivel de compromiso. Esfuérzate, y te aseguro que verás cambios.

Planifica la interrupción

Esto es bastante fácil. Cuando identificas qué comportamientos alimentan y mantienen tu ansiedad, puedes tomar la decisión deliberada de actuar en sentido contrario. Para evitarla, planifica cómo actuarás la próxima vez que quieras evadirla, negarla, huir, reprimirla, anestesiarla o luchar contra ella. No esperes a que surja el problema, ten un plan (o varios) para respuestas distintas.

Gradual, pero constante

Soy consciente de que algunos de estos cambios pueden resultar abrumadores al principio. No quiero que te sientas «desbordado» por la angustia si una alteración del comportamiento te parece demasiado fuerte. Un amigo mío les tiene miedo a las alturas y al agua. ¡Decidió desafiarse subiendo solo el puente del puerto de Sídney! No le fue bien. Tiene que ser gradual y escalonado. Ten eso en cuenta. Si bien buscamos una interrupción sin complejos, nunca debería llevarte más allá de un umbral de tolerancia que te resulte posible de gestionar. De igual manera, eso no debería ser motivo para no desafiarte. Si necesita ser poco a poco, no hay problema. Pero las fases deben aumentar de manera gradual en intensidad. También deben ser constantes.

Haz anotaciones sobre el progreso

Animo a todos mis pacientes a que registren su progreso. Es beneficioso para la responsabilidad, la observación de cambios, la planificación, los ajustes y la claridad general de la situación. No quiero ser demasiado prescriptivo con llevar un diario, ya que creo que puede ser muy personal. Solo registra todos los días cómo te va. ¿Qué está funcionando? ¿Cuáles son los desafíos? ¿Cómo están tus síntomas?

Eso te da un marco de referencia. Puedes usar tu creatividad con gráficos, ilustraciones, grabaciones de voz o cualquier herramienta en línea que encuentres. Solo busca «diario» o, mejor aún, «diario para la ansiedad». Si no te gusta la idea, no te preocupes ni te desveles pensando en eso.

Permite contratiempos

Esto nos lleva de nuevo a la importancia de la autocompasión en todo este trabajo. Recuerdo que hace unos años, mi wifi en casa no funcionaba. Llamé a la compañía de la red y me dijeron que había un fallo externo, que había que excavar la calle y cambiar un cable.

El trabajo estaba previsto para un día, pero se prolongó durante dos semanas. Los técnicos que lo llevaban a cabo me explicaron que tenían que «interrumpir» la red antigua, lo que implicaba excavar y recubrir con cables nuevos (y toda clase de «jerga técnica» que no entendí).

Durante el proceso de «interrupción», hubo otras situaciones inesperadas: tres días de lluvia en los que no pudieron trabajar. Una tubería de agua se dañó al excavar el suelo. ¡Tampoco podían identificar el cable defectuoso!

No salió según lo previsto y hubo contratiempos. Pero al final se resolvió.

En resumen, lo que digo es que esperes algunos días de mal tiempo. Al igual que los días de mala suerte, pasarán. No será el fin del mundo. Mira hacia delante. Es la única manera de seguir.

RESUMEN DEL CAPÍTULO

○ Las conductas perjudiciales asociadas con el granuja contribuyen de manera significativa a alimentar la ansiedad. Esos comportamientos te hacen sentir mejor a corto plazo, pero, de manera desafortunada, la perpetúan a largo plazo.

○ Muchos comportamientos asociados con la ansiedad son adictivos por naturaleza porque prometen seguridad o reducir la amenaza. Ofrecen la atractiva promesa de calmarnos o salvarnos. Soltarlos es un desafío.

○ Hay tres tipos de comportamientos clave a los que las personas se aferran o se vuelven adictas para controlar la ansiedad: batallar contra la vida, correr despavorido por tu vida y esconder la cabeza en la arena.

○ Interrumpir la perpetuación de la ansiedad implica tener un plan para cambiar los comportamientos antiguos.

○ Es previsible encontrar obstáculos al intentar interrumpir conductas. Es normal.

○ Interrumpir los comportamientos que alimentan la ansiedad requiere entender por qué los llevas a cabo, compromiso, una estrategia gradual y aceptar los posibles retrocesos.

○ Las conductas tienden a ser el «pegamento» de la ansiedad. Superar ese obstáculo es fundamental.

Pensamiento final

Las interrupciones son incómodas.
Eso no significa que sean malas.

8

Adicto a controlar la energía

Resumen rápido

Como ya sabes, la ansiedad se suele considerar desde la fisiología, las emociones, los pensamientos y el comportamiento. Hemos explorado los componentes adictivos de todos estos aspectos. Ahora también conoces las diferentes estrategias que te pueden ayudar a liberarte de tus patrones de ansiedad.

La siguiente parada de nuestro viaje es explorar el poder supremo responsable de todo lo que hemos discutido hasta ahora: la energía.

Creo que este es uno de los aspectos más importantes de la conversación sobre la ansiedad. Pero es del que menos se habla.

UN CAMBIO DE ENERGÍA

Sin disculpas, este capítulo toma un rumbo diferente. Será menos práctico, pero fomentará la reflexión y la apertura. Trascenderá las «normas» al considerar el «panorama» y tu necesidad de controlar las energías. Si aún no estás sentado, tal vez deberías hacerlo para leer la siguiente frase.

175

**Creo que te resulta adictivo intentar
controlar el flujo de energía en tu vida,
lo cual te genera mayor ansiedad.**

Sé que eso es difícil de escuchar, pero es cierto. Quiero ayudarte a solucionarlo.

Este es el capítulo para cualquiera que disfrute de tener el control. Te inquietará, te asustará, te emocionará y te obligará a reconocer tu controlador interior. También te ofrecerá una libertad increíble y una nueva consciencia para liberar energía.

¡Superar esta etapa de mi ansiedad fue un verdadero desafío! Me negué a aceptar las sugerencias de mi terapeuta sobre mis problemas de control, ya que en la infancia tuve que asumir el control para afrontar situaciones difíciles y traumáticas. El problema fue que después me costó desprenderme de ese patrón. Estaba obsesionado con un deseo de cambiar energías que creía poder controlar.

Estaba equivocado. ¡Mi deseo de controlar las energías en mi vida empeoró mi ansiedad!

CONTEXTO SOBRE LA INCLUSIÓN DE ESTE CAPÍTULO

La naturaleza incierta e impredecible de la vida (cambios constantes en las formas de energía) causa una gran angustia existencial en muchas personas. Esto rara vez se aborda en la psicología moderna. Rara vez se incluye en los protocolos de tratamiento.

En parte lo entiendo. Creo que existe el temor de que esta conversación pueda considerarse «extravagante», «esotérica», «espiritual» o «excéntrica». Una cosa es fusionar la psicología con la medicina o la neurociencia, pero combinarla con un debate sobre la energía o cualquier tema relacionado con los ámbitos más espirituales parece un paso demasiado arriesgado.

No me creo eso.

Como dije, somos seres energéticos existiendo en un mundo de energía en constante flujo. Un mundo de inicios y finales, de nacimientos y muertes, triunfos y derrotas, salud y enfermedad, momentos buenos y malos, tranquilidad y temor.

Mi teoría cobró sentido durante los diez años que trabajé con enfermos terminales. Con frecuencia, veía a pacientes y a sus familias sumidos en una profunda angustia y ansiedad.

Recuerdo numerosos momentos de mi carrera en los que me di cuenta de que los medicamentos, los tratamientos, las intervenciones, los cambios, las conversaciones, las justificaciones, las palabras tranquilizadoras, incluso las oraciones no eran suficientes. Con frecuencia oía los siguientes lamentos:

«No puede ser».
«No voy a dejarlo ir».
«Esto es injusto».
«Alguien tiene que darme una solución».
«No me rendiré».
«No lo aceptaré».
«Déjame en paz».
«Odio a Dios» (o en lo que creyeran).

Observé que la ansiedad disminuía cuando una persona dejaba de bloquear la energía a la que se resistía. En otras palabras, cuando permitían que la vida fuera como era. Eso no solo cambiaba la «sensación» energética en la habitación, sino también el comportamiento de la persona. Soltar la necesidad de controlar la energía disminuye la ansiedad.

Para ayudar a entender eso, creo que es importante explicar un poco más el concepto de energía.

¿QUÉ ES LA ENERGÍA?

La mayoría de la gente piensa en la energía de tres maneras:

- Científica: leyes de la física y la naturaleza.
- Espiritual: energía superior a nosotros.
- Factor humano: niveles de energía personal.

Desde un punto de vista científico, no me interesa convertirme en un Einstein. Podemos afirmar con seguridad que somos seres energéticos compuestos de protones y neutrones. Vivimos en un mundo compuesto de formas de energía en constante cambio. Una habitación llena de gente con ansiedad tiene una energía diferente a una llena de meditadores tranquilos. Todo es energía y cambia de manera constante.

En el mundo de la espiritualidad, la palabra 'energía' se usa habitualmente. También se asocia con otros conceptos y creencias: espíritu, consciencia, Dios, Alá, Buda, Pranava, existencialismo, entre otros. Lo que tienen en común es reconocer que la energía cambia. Está demostrado que creer en una fuerza superior ayuda a disminuir la ansiedad, que es una forma de energía.

Desde un punto de vista más humano, todos experimentamos cambios en nuestros niveles de energía. Eso se manifiesta en cambios de humor, ansiedad, motivación, estado físico, concentración y demás. Somos sensibles a los cambios energéticos, ya sean de nuestro mundo interior o de acontecimientos del mundo exterior.

Observa cómo cambian tus niveles de energía cuando estás estresado o bajo presión, en comparación con períodos de emoción o alegría.

MI OPINIÓN SOBRE LA ENERGÍA

Al hablar de energía, me refiero a un campo de fuerza interno y externo que resulta imposible de medir, explicar o definir con exactitud, dadas las emociones cambiantes de nuestro mundo.

Para mí, la energía es una combinación de todo: ciencia, espiritualidad y un factor humano. La santísima trinidad de lo que nos sucede y cómo reaccionamos al mundo que nos rodea.

Es común sentir fluctuaciones inexplicables en nuestros niveles de energía. Recuerda esos momentos en que, de repente, una nube de desgracia se cierne sobre ti. Sientes miedo. Te pones alerta. Una sensación de opresión te invade. El cansancio te agota. O, al contrario, cuando llega la alegría. La felicidad te visita. Tu estado de ánimo mejora. La calma te envuelve.

Cada cosa tiene su momento, hay que aceptarlo, experimentarlo y soltarlo, pero aquí radica el problema. La mayoría de la gente no permite que eso suceda. Intentan controlar la energía. No la dejan pasar, ¡y queda atrapada!

OBSERVAR LOS CAMBIOS DE ENERGÍA Y LA NECESIDAD DE CONTROLARLOS

Cuando se trata de ansiedad, es fundamental poner atención no solo a los cambios en tus niveles de energía, sino también a cómo reaccionas ante ellos.

- ¿Alguna vez has entrado en una habitación y de repente te has sentido incómodo? Hay una atmósfera indescriptible, pero algo está pasando.
- ¿Alguna vez has conocido a alguien y has notado que tu ansiedad aumentó?

- ¿Alguna vez has conocido a alguien y te sentiste tranquilo y seguro?
- ¿Alguna vez has tenido la sensación de que algo no iba bien?
- ¿Alguna vez has sentido una profunda sensación de saber que algo *estaba* bien?
- ¿Alguna vez has percibido un sonido, un olor, un color, incluso un sabor que afectó a cómo te sentías?

Si esto tiene sentido para ti, entiendes la energía. Somos seres sensibles y muy receptivos a la energía interna y externa. Y estamos empeñados en tratar de cambiarla.

EL PROBLEMA DE INTENTAR CAMBIAR LA ENERGÍA

Todos tenemos necesidades y gustos. Sabemos lo que nos agrada y lo que no. Las experiencias, emociones o situaciones que preferimos se asocian con energías positivas. Con las energías negativas ocurre lo contrario. Cuando experimentamos, sentimos o nos encontramos en circunstancias que no nos gustan, nos resistimos y nos rebelamos.

Nos volvemos adictos a **obtener** energías que nos resultan agradables, a **aferrarnos** a ellas y a **rechazar** las que nos incomodan. En pocas palabras, pretendemos controlar el curso natural de las cosas. Queremos tener el control (Freud diría que es nuestro ego).

Es normal sentir ansiedad a veces. **La ansiedad surge de la lucha por controlar nuestra energía, esa resistencia genera ansiedad.** ¡A eso lo llamaremos la teoría de la relatividad de la ansiedad de Owen O'Kane!

Ten en cuenta que este capítulo no pretende persuadir para seguir ninguna religión, espiritualidad ni sistema de creencias. Es una llamada a la curiosidad por lo que hay «más allá» (es decir, la energía). Creo que la consciencia, soltar el control y permitir que la energía fluya contribuyen a una vida con mucha menos ansiedad.

Es otro método para dejar de ser adicto a ella.

EMPIEZA EL TRABAJO ENERGÉTICO

Me imagino que te estarás preguntando qué hacer con la información que acabo de presentarte. No te preocupes, voy a ofrecerte cinco aspectos clave que se deben considerar, a los que llamo los **cinco bloqueos de energía**. Descubrirás que todos son adictivos y habituales.

Quiero que pienses en si habría ajustes a tus perspectivas en cada uno de los bloqueos. Eso facilitará un mayor flujo natural de energía y, en consecuencia, una menor ansiedad.

Recuerda que los cinco bloqueos son las principales causas de la interrupción del flujo energético. Elimínalos y, sin duda, notarás mejorías. A modo de recordatorio, mi teoría sobre esto es:

**Nuestra lucha por controlar la energía
causa resistencia, la cual crea un estado de ansiedad.**

LOS CINCO BLOQUEOS

Estos son los cinco bloqueos que he identificado como los más problemáticos:

- No aceptar la única certeza: la vida es incierta.
- Hiperapego: la necesidad de control.
- Insistir en cómo debería ser la vida: preferencias.
- Dirigir todo hacia uno mismo: ego.
- Falta de confianza: dejar que la vida siga su curso.

No aceptar la única certeza: la vida es incierta

Mencioné antes el panorama de la vida cotidiana. Siempre ocurren cosas más allá de lo que vemos y experimentamos. Siempre hay cambios en las energías externas e internas.

Durante siglos, los filósofos y las religiones han debatido cuestiones como:

«¿Por qué estamos aquí?».
«¿Cuál es el sentido de todo esto?».
«¿Qué pasa cuando morimos?».
«¿Hay vida después de la muerte?».
«¿Quién creó la vida?».
«¿Cuál es el sentido de la vida?».
«¿Quiénes somos?».
«¿En quién o en qué debemos creer?».
«¿Adónde van nuestros seres queridos cuando mueren?».
«¿Por qué sufrimos?».

La lista continúa. Resulta curioso que nunca ha habido respuestas concretas ni pruebas garantizadas para ninguna de las preguntas. Las religiones sugieren lo que deberíamos creer. Algunas personas u organizaciones predican lo que debemos creer. Todos lo hacen con una variable ineludible: la incertidumbre. Hay mucho que desconocemos.

El gran pensador Michael Singer siempre habla de la realidad: estamos aquí, girando sobre un planeta en medio de la nada, y no conocemos de verdad las respuestas. Nos recuerda que 1,3 millones de Tierras podrían caber en el Sol. Somos partículas diminutas en un vasto universo.

Quiero que te detengas un momento para digerirlo. Realmente, no tenemos todas las respuestas. La vida es impredecible. Somos insignificantes en la inmensidad del universo. Es muy probable que nada sea tan importante como pensamos.

No pretendo sonar lúgubre ni deprimente. Son solo hechos y espero que eso aporte algo de consuelo. Algunos lo verían como un misterio o parte del crecimiento emocional y espiritual. Sea cual sea tu postura, la realidad persiste: ser humano es vivir con incertidumbre. Entonces, quizá te preguntes, ¿eso qué tiene que ver con la ansiedad?

¿Recuerdas que mencioné que una definición de ansiedad es intolerancia a la incertidumbre? Por lo tanto, tiene sentido que la intolerancia a la incertidumbre contribuya a la ansiedad.

El desafío que te planteo es que consideres si puedes sentirte cómodo con la incertidumbre.

¿Puedes hallar paz en la incertidumbre de no saberlo todo? ¿Puedes optar por la curiosidad ante las enseñanzas y lecciones que la vida nos brinda? En un nivel más cotidiano, ¿puede estar bien no saber la respuesta a un problema? ¿Es posible que ahora no sea el momento adecuado para tener la información que crees que deberías tener? ¿Es aceptable que, aunque a veces todo parezca desordenado e incierto, así sea con exactitud como debería ser?

Entiendo lo difícil que es esto. Pero si reflexionas sobre los períodos en los que sientes ansiedad, sé que estarán relacionados con momentos en los que te niegas a tolerar la incertidumbre.

Qué increíble sería romper ese patrón y dejar que la energía fluya de manera natural. Te garantizo que no solo te ayudará a aliviar la ansiedad, también te permitirá acceder a otras sensaciones que podrían ser muy beneficiosas. Esas sensaciones son la paz, la satisfacción y la tranquilidad, las cuales están muy subestimadas en la cultura moderna.

Tendrás oportunidades de practicar esto muchas veces durante el día:

«¿Por qué no me ha devuelto la llamada?».

«¿Cuándo llegarán mis resultados?».

«Necesito una decisión ya».

«No quiero que este vuelo se retrase».

«¿Por qué están los semáforos en rojo?».

«¿Por qué dijo eso?».

«¿Lloverá en mi fiesta?».

«¿Y si mi pareja se aburre?».

«¿Iré al cielo cuando muera?».

Acepta lo que surja. Si es incierto y no está bajo tu control, es incierto. Si es inmutable, es inmutable.

Permite que la vida siga su curso. Permítete estar donde estás.

Hiperapego: la necesidad de control

Es difícil para la mayoría de las personas darse cuenta de lo apegadas que están a su historia y a sus patrones. Lo oigo a diario en mi consulta. Las personas se obsesionan con la necesidad de controlar todo en la vida. Se apegan en exceso a patrones que interrumpen su flujo de energía. Casi siempre hay una explicación sencilla para esto.

Desde pequeños, aprendemos qué papel creemos que debemos desempeñar en el mundo y qué esperamos del mundo a cambio.

Por ejemplo, si creciste en un entorno en el que tenías que competir para que se fijaran en ti, ganar aprobación, complacer a la gente, mantenerte seguro, evitar el abuso y el daño o demostrar que eras lo suficientemente bueno, tendrás fuertes creencias acerca de tener el control. Tendrás opiniones firmes sobre permanecer hiperapegado a esos roles que una vez te ayudaron a salir adelante, ¡incluso a sobrevivir!

El problema es que, con frecuencia, trasladamos nuestros primeros «roles» a la vida adulta (cuando ya no son necesarios).

Veo a muchas personas con ansiedad que permanecen hipervigilantes, evasivas, reactivas, enfadadas, a la defensiva y demás porque están funcionando desde el «viejo yo».

Hay un dicho sabio que dice: «Nadie se baña dos veces al mismo río». El curso del río es como es, pero solemos adentrarnos en él con las mismas expectativas o reacciones que antes.

El reto para todos es, una vez más, permitir que fluya de manera natural la energía vital. Podemos plantarnos en medio del río e intentar detener el curso del agua, pero ella seguirá su camino. También será agotador intentar que fluya como uno cree que debería.

El desafío diario, en particular con la ansiedad, consiste en tomar la decisión de dejar ir los viejos patrones y dejar de intentar controlarlo todo.

La realidad es que la mayoría de las situaciones son como son. Un jefe difícil tal vez siempre será difícil. Tu pareja quizá no es capaz de demostrar un afecto profundo. Tus hijos podrían ser diferentes de lo que esperabas. El clima es el que es. El vecino de al lado siempre puede ser complicado. Tienes problemas de salud. Tu matrimonio terminó. Alguien a quien quieres falleció. Alguien a quien amas se está muriendo.

Con afán, intentamos controlar, manipular, detener o prevenir todo lo que no queremos o nos causa dolor. Aunque es completamente comprensible, también va en contra del orden natural de las cosas.

Desprenderse de la coraza de nuestros roles hiperapegados y de la necesidad de control es una de las decisiones más transformadoras que podemos tomar.

«¿Y si... ?» se convierte en «me encargaré de eso».
«Esto no debería estar pasando» se convierte en «¿qué puedo aprender?».
«Esto es injusto» se convierte en «esto es parte de la vida».
«Lucharé» se convierte en «estoy dispuesto a rendirme».

No se trata de debilidad ni de rendición. Es una forma de aceptar que hay cosas que escapan a nuestro control y otras que no. La clave está en saber diferenciarlas.

Estas palabras resuenan en todo el mundo en los programas de tratamiento de adicciones que usan la Oración de la Serenidad. Vivir una vida con menos ansiedad implica comprender la importancia del compromiso diario para liberarse del control. Es como quitarse una camisa de fuerza.

Al escribir esto, recuerdo a cientos de personas con las que he compartido sus intentos por aceptar un diagnóstico de enfermedad terminal.

He visto la lucha, la pelea, la batalla, el dolor, la angustia y la desesperanza. El apego y el control siempre exacerbaron esas emociones.

También he presenciado la transición hacia la paz, la aceptación y la apertura a lo desconocido. La vida se centró menos en morir en lugar de hacerlo en vivir con plenitud mientras se muere. Abandonaron el apego y el control y así que la energía fluyera.

Te dejo las siguientes palabras para que reflexiones. Las recibí en una tarjeta de la mujer de un paciente después de su muerte:

Tus visitas nunca nos ofrecieron falsas esperanzas, pero curiosamente nos dieron esperanza porque aún quedaba vida por vivir y risas por compartir. En definitiva, se trataba de encontrar el valor para dejar ir y vivir por lo que teníamos ahora. Me alegro de que lo hiciéramos.

Insistir en cómo debería ser la vida: preferencias

Hace unas semanas, en una cafetería, oí a dos mujeres de mediana edad hablando de una fiesta sorpresa para los cincuenta años de uno de sus maridos. La idea era que él llegara del trabajo y se encontrara con todos sus familiares y amigos. La mujer había alquilado una carpa, una banda de jazz y una empresa de *catering* local para alimentar a los invitados. Observé que repitió varias veces que debía ser «perfecto». Eso implicaba una serie de preferencias que, según ella, debían cumplirse. Las enumeraré (me enfrasqué demasiado en su conversación):

No puede llover.
Más vale que no haya tráfico, si no, la gente no
    llegará a tiempo.
La banda no puede sonar demasiado fuerte.
La comida debe servirse a las 19.00 h.
El marido no puede tener ni idea de la fiesta.
Todos los invitados deben llegar como muy tarde
    a las 17.30 h.

Y continuaba…

Empecé a sentir ansiedad solo de escuchar los planes. También me sentí aliviado de no ir. Tenía una premonición de la fiesta en la mente…

Llega el marido. Todos se colocan en posición y guardan silencio. La siguiente instrucción es gritar «¡Sorpresa!», cantar «¡Feliz cumpleaños!», soltar las serpentinas y no comer hasta que se les indique (¡pero no después de las 7.00 h ni durante la banda de jazz!).

Sé que puede sonar exagerado, pero es un relato casi textual. Me encontraba frente a una persona que insistía en cómo debía ser la vida aquella noche y cuáles eran sus preferencias. Seamos sinceros, todos hacemos eso. Una vez tuve un pequeño berrinche cuando fui a España a pasar una semana de sol y llovió todo el tiempo.

Mi planteamiento aquí es serio. No sé cómo acabó la fiesta. Lo que sí sé es que, si hubiera llovido, alguien se hubiera retrasado o hubiera habido problemas con la comida o la música es probable que la organizadora experimentara estrés, ansiedad y decepción. Pero eso era evitable. Estaba creando una angustia potencial con su insistencia en cómo «debían» ser las cosas.

No digo que esté mal tener preferencias ni desear que las cosas salgan bien. Pero en el fondo, todos sabemos que hay muchos aspectos de la vida fuera de nuestro control. No podemos insistir en que la vida, las circunstancias o las personas sean como queremos. No funciona así.

Mucha gente no se da cuenta que aferrarse a ideas fijas sobre cómo debería ser la vida es una forma de intentar solucionar problemas internos. En el ejemplo de la fiesta, la mujer necesitaba que todo saliera perfecto. Quería complacer a su marido. Impresionar a la gente era importante. La precisión, el detalle y el orden también eran necesarios para que todo estuviera bien. Las condiciones estaban establecidas: «Si los planes salen como yo quiero, estaré tranquila».

Me gustaría que reflexionaras sobre con qué frecuencia expresas preferencias que tienen que ver con sentirte mejor, evadiendo tus emociones o manipulando una situación para «estar bien».

De la misma manera, te animo a que profundices y reflexiones sobre con qué frecuencia insistes en cómo debe ser la vida, las personas o las circunstancias para que te sientas bien.

La dura realidad es que no existe la perfección. A veces la gente se portará mal y te decepcionará. Lloverá el día que planeas una barbacoa. Las relaciones serán difíciles. Habrá atascos. Se cancelarán vuelos. El peluquero cometerá errores de vez en cuando.

La ansiedad florecerá si te mueves desde una base de fuertes preferencias e insistencias. Te prometo que se aliviará si te mantienes abierto a permitir que las personas, la vida y las circunstancias sean como son.

Un sabio dijo que el camino de la iluminación es fácil para quienes no se aferran a sus preferencias. Lo mismo ocurre con la energía: si te resistes, el problema persiste.

Para superar de verdad tu adicción a la ansiedad, debes dejar de querer que la vida sea como tú quieres. Duro y brutal de oír, lo sé. Liberador cuando se toma en serio.

Dirigir todo hacia uno mismo: ego

Otro de los bloqueos energéticos dominantes es dirigir todo hacia uno mismo. Esto se manifiesta en las relaciones, las reacciones ante la vida o las creencias sobre por qué las cosas salen mal.

Las siguientes son algunas expresiones habituales que capturan esa esencia:

«Esta es mi mala suerte».

«Siempre me pasa».

«Sabía que era demasiado bueno para ser verdad».

«Debí pensarlo mejor».

«Todo es culpa mía».

«Debí hacer algo malo en una vida pasada».

«No merezco esto».

«Creo que tengo una maldición».

«No sé por qué me molesto.»

Hay muchas otras.

El tema común es una forma de autoataque o culpa asociada con una experiencia negativa percibida.

Te vuelves introspectivo y la experiencia se centra mucho en ti. A veces, sientes como si el universo estuviera en tu contra, casi como una maldición.

La energía cargada de manera negativa se dirige hacia el interior y tú asumes toda la responsabilidad o culpa por lo que ha sucedido.

Si una persona te decepciona, la interpretación es que te lo merecías. Si enfermas, la conclusión es que te están castigando. Si tu jefe te trata mal, puede deberse a que no eres suficiente. Si alguien cancela una invitación, das por hecho que tiene mejores planes. Si alguien te maltrata, es normal que te cuestiones si la culpa es tuya.

Todo es personal. La mente egoísta se vuelve contra ti en estos momentos como estrategia compensatoria para protegerte. Intenta activar el retraimiento, la evasión, la hibernación, las disculpas y la autorretribución.

El cambio de energía es significativo en estos momentos, con un cambio notable hacia una energía y un estado de ánimo bajos.

Actuar tras este bloqueador energético te hace sentir que careces de poder. Provoca mucha ansiedad debido a la absoluta sensación de falta de control y a la creencia de que eres la causa directa de la energía negativa.

Es una fuerza de energía de doble carga, una experiencia negativa se encuentra con una evaluación negativa directa.

Merece la pena considerar que, en la mayoría de los casos, no es personal. Ya sea el comportamiento de alguien, un acontecimiento de la vida, una pérdida, un rechazo o una herida profunda. No niego que se perciba como algo personal. Sin embargo, eso no lo convierte en un hecho.

Si te das cuenta de que en momentos difíciles te retraes y te centras solo en ti, debes saber que estás bloqueando tu energía. Te aferras a las circunstancias y las haces personales, alimentando tu ansiedad.

También es probable que seas adicto a este patrón habitual. Es hora de dejarlo ir.

Falta de confianza: dejar que la vida siga su curso

Este bloqueo abarca los principios de todos los demás y su mensaje es simple. Deja que la vida siga su curso.

Quiero ser claro. Esto no significa que nunca debas planificar, desear, tener esperanza, hacer transformaciones ni cambiar de opinión. Habrá momentos en la vida en los que permitir que las circunstancias «sean» podría ser perjudicial o peligroso. Por ejemplo, permanecer en una relación tóxica, rechazar ayuda por una enfermedad, ignorar el sufrimiento ajeno o no denunciar una injusticia. Si tienes la visión y la capacidad de hacer cambios que mejoren tu vida o la de los demás, deberías hacerlo.

Cuando hablo de dejar que la vida siga su curso, me refiero a cuando las circunstancias escapan a tu control. Son los momentos de enfermedad, pérdida, desamor, desastres naturales, tragedia, muerte, decepción, despidos, fracasos o cualquier otra cosa. Esos momentos nos ocurren a todos y, a veces, ninguna acción, intervención ni deseo puede detenerlos. Solo suceden. Así es la vida.

Sé que no es fácil y, a veces, no tiene sentido en el momento. Las cosas malas le pasan a la gente buena, lo he visto miles de veces. Me ha pasado y estoy seguro de que a ti también.

Del mismo modo, he visto sufrir a otros y yo mismo he sufrido diez veces más cuando me he resistido a lo que la vida me presentaba. Estos momentos se caracterizan por negar la realidad. Se cree con firmeza que las cosas no debieron suceder así, que debió ser diferente, que eso no debería pasar. La energía se estanca, la ansiedad crece y el ánimo se viene abajo.

Mi madre murió de cáncer a los cincuenta y siete años. Ella era una fuerza de la naturaleza con una gran personalidad. Aceptó morir joven, lo que desconcertó a la familia. En su funeral, el sacerdote describió su «ligereza de trato». También comentó que, durante los años que la conoció, nunca preguntó «por qué». Disfrutó al máximo de la vida hasta el final. Murió en paz.

Imagino que las cosas habrían sido distintas si hubiera peleado contra lo que le tocó en la vida. En mi experiencia en cuidados paliativos, he visto a muchos pacientes resistirse a la muerte y puedo asegurar que eso solo incrementa el sufrimiento.

Claro que hay un momento y un lugar para enfadarse, gritar y vociferar: «¡Que se joda el mundo!». Eso debe suceder y nunca reprimirse. Pero no es un lugar donde debas quedarte a vivir. Es restrictivo, asfixiante y la energía no fluye.

Permitir que la vida sea, en especial en tiempos de sufrimiento, permite que la energía fluya. Permite que surjan lecciones. Fomenta una nueva perspectiva. Abre preguntas espirituales sobre el significado. Activa la gratitud. Abre los ojos a la maravilla de la vida.

Es fundamental dejar espacio para la alegría, la emoción, el amor, el éxito, la felicidad y todo lo bueno que nos llega. La ansiedad, a veces, puede adueñarse de esos momentos con el miedo a que no duren o se pierdan. La clave es la misma: no te resistas. Permítele ser. Deja que fluya.

Recuerda que todo es energía. Lo bueno. Lo malo. Los altos. Los bajos. La tristeza. La alegría. Hay que dejarlo ser. Hay que dejarlo pasar. Esto no es algo que se pueda combatir, manipular, diezmar o controlar.

Hay que experimentarlo todo, vivirlo y aceptarlo. Cada expresión de energía está dando forma a quienes somos. Deja que la vida sea.

Al igual que con todos los demás bloqueos, espero que puedas ver cómo revisar esto ayuda de manera significativa con tu ansiedad.

Si eres de los que no permiten que la vida siga su curso, te pido que evalúes con seriedad en qué medida eso agrava tu ansiedad.

También te pido que enfrentes con sinceridad lo adictivo que es este bloqueo.

¿Estás dejando que tu vida siga su propio curso? ¿Estás luchando contra la vida? ¿Estás adoptando el papel de víctima en lugar del de un ser humano que experimenta todas las facetas de la vida?

Intenta eliminar este bloqueo siempre que surja la oportunidad. Observa lo que sucede. Creo que podrías sorprenderte.

¿QUÉ VIENE AHORA?

Ya hemos revisado las cinco áreas de la adicción a tu yo ansioso:

- Yo ansioso físico
- Yo ansioso emocional
- Yo ansioso mental

- Yo ansioso conductual
- Yo ansioso energético

Confío en que todo tenga sentido. Si no es así, por cualquier motivo, haz una pausa y reflexiona. Vuelve a leer las secciones que necesites. Quiero que esto no solo te llegue, sino que cambie tu vida y cómo te relacionas con tu yo ansioso.

La siguiente sección abordará otras áreas que creo que es importante no ignorar a medida que nos acercamos al final de nuestro trabajo conjunto. Es la guinda del pastel: la unión de todo.

Te voy a ser sincero, este camino no será fácil. Habrá momentos buenos y malos, es normal en la recuperación de cualquier adicción.

Pero no te desanimes. El camino que tienes por delante es emocionante y está lleno de posibilidades. Quiero prepararte de forma realista para que no haya grandes sorpresas.

Exploraremos cómo es la recuperación y cómo podrías vivirla. Nos prepararemos para las recaídas. Identificaremos nuevas trampas y desencadenantes que puedan surgir.

Analizaremos cambios en el estilo de vida que no son negociables. Por último, analizaremos cómo puedes compensar a tu yo ansioso por cómo lo has tratado en el pasado.

En resumen, quiero prepararte para que dejes de ser un *adicto* a la ansiedad. Te voy a entrenar para una nueva forma de vida.

RESUMEN DEL CAPÍTULO

- ○ Toda la vida es energía.
- ○ Bloquear la energía solo contribuye a aumentar la ansiedad.
- ○ Es necesario permitir que la energía fluya.

○ Bloqueamos la energía de cinco maneras:

- No aceptar la única certeza: la vida es incierta.
- Hiperapego: la necesidad de control.
- Insistir en cómo debería ser la vida: preferencias.
- Dirigir todo hacia uno mismo: ego.
- Falta de confianza: dejar que la vida siga su curso.

Pensamiento final

Las cargas positivas y negativas forman las leyes de la física. Podemos aprender de ello para comprender nuestras energías.

SECCIÓN 3

Cómo recuperar tu vida y prevenir recaídas

9

Sin adicción
a la ansiedad: prepárate para
el camino por delante

Resumen rápido

La buena noticia es que ya hemos abarcado la parte principal de nuestro trabajo conjunto. Ya has conocido las distintas partes de tu yo ansioso. Te has presentado ante ellas como el ser humano sabio que sabe cómo cuidarlas. Las has recibido con franqueza, compasión y sin juzgarlas. Has hablado con ellas y las has reeducado sobre lo que necesitas y lo que no necesitas de ellas. Les has pedido que confíen más en ti y dejen atrás viejos patrones que ya no te sirven.

Ahora tienes una nueva relación con tu yo ansioso. Ya no es el enemigo. Puede dejar de intentar controlar cada aspecto de tu vida. Ya no está al mando. Estás dejando la adicción a la ansiedad.

TODA LA VERDAD SOBRE LO QUE VIENE

¡Este capítulo podría causar algo de ansiedad! Sé que es una revelación extraña al final del libro, pero es cierto y es importante. Te prometo que si haces el trabajo, es probable que notes mejoras significativas.

También creo en la importancia de la honestidad, el realismo y la practicidad. Por lo tanto, necesito ofrecer algunas perspectivas y predicciones preventivas sobre tu recuperación.

He utilizado la expresión **«dejar de ser adicto»** porque cualquier trabajo en «el yo» es un proceso de «transformación». Como ya he mencionado, no hay una meta final en el que todo esté «solucionado». No existe para nadie. Todos estamos en constante evolución y así seguiremos siempre.

Cada vez que creas que «has resuelto» tu ansiedad, surgirá algo nuevo. Así es el crecimiento. Así debe ser.

Sería irresponsable y poco ético por mi parte prometer que tus problemas de ansiedad han terminado. No es así. No puede serlo. No lo será.

Pero, serán más fáciles. Serán más manejables y menos abrumadores.

Como ser humano, tendrás momentos de ansiedad hasta el último aliento. A veces, la razón será obvia. Otras, se infiltrará como un ladrón por la noche. Y algunas más, no habrá razón que explique su presencia.

Esas no son malas noticias, así que no te desanimes. Solo te estoy preparando de forma realista para el camino que te espera. Te dará una mayor sensación de control y consciencia.

La realidad: tu yo ansioso te **acompañará** el resto de tu vida. No se jubilará antes de tiempo ni se irá de crucero durante un año. Se mantendrá en un segundo plano «por si acaso» se necesita. Recuerda que esa es su función: protegerte y evitar que te dañen. Se toma muy en serio su trabajo. No sabe de tiempo libre. Imagínatelo como un padre sobreprotector o un amigo leal.

Por fortuna, este compañero sobreprotector, aunque siempre está alerta, comprende la guía de tu yo sabio. Trabajará contigo cuando confíe en ti y crea en lo que dices. Eso requiere un poco de tiempo y paciencia. Recuerda que tu yo ansioso aún está descubriendo una nueva parte de ti a la que no había accedido antes, al igual que tú lo estás conociendo en sus múltiples formas.

Es una especie de relación nueva entre dos partes: la sabiduría y el miedo.

La diferencia radica en que la sabiduría ahora se libera del miedo y se convierte en observadora. Ya no es adicta a la ansiedad. Ya no coexiste en una red de codependencia. Está creando un futuro nuevo por completo.

¿CÓMO PODRÍA SER EL FUTURO?

Si acerté con la pregunta, te debo una respuesta sincera. No soy ningún vidente, claro, pero he visto a miles de personas transitar por este camino, así que digamos que tengo cierta información privilegiada.

A continuación, te presento algunas predicciones (sin ningún orden en particular) que tal vez ocurran en tu camino hacia la recuperación:

- Tendrás días increíbles, tranquilos y en paz.
- Experimentarás días en los que la ansiedad volverá y te preguntarás qué salió mal (incluso podrías maldecirme a mí y a este maldito libro).
- Tendrás períodos en los que te mantendrás concentrado en nuestro trabajo juntos.
- Tendrás períodos en los que no podrás seguir trabajando.
- Te sentirás en paz con tu yo ansioso.
- Lucharás contra tu yo ansioso y querrás abandonarlo de nuevo.

- Te presentarás ante el mundo como un monje zen, aceptando todo como viene.
- Te presentarás ante el mundo como una persona frenética y preocupada por la ansiedad, intentando controlarla.
- Caerás en trampas.
- Detectarás y evitarás trampas.
- Fracasarás.
- Te recuperarás.
- Te esforzarás.
- Prosperarás.
- Cometerás errores.
- Te recuperarás de nuevo.
- Al final, te sentirás mejor mucho más rápido porque sabrás cómo superar con eficacia un episodio de ansiedad.
- Siempre querrás evitar la adicción a la ansiedad porque ahora sabes el precio.

Voy a dividir el proceso de recuperación en cuatro fases, para que te resulte más claro identificar dónde te encuentras en cada momento.

De nuevo, lo reitero: no quiero grandes sorpresas ni decepciones en el camino que tenemos por delante. Quiero normalizar cada parte. Quiero que lo veas como una oportunidad para seguir creciendo. Los aspectos positivos superarán con creces a los «negativos», pero no quiero que estos últimos se vean con pesimismo. He aquí algunas formas mejores de verlos:

- Una oportunidad para reiniciar y ver tu ansiedad como una señal.
- Una oportunidad para retomar el rumbo.
- Una oportunidad para construir de manera continua plataformas más sólidas.

- Una oportunidad para abrazar tu humanidad.
- Una oportunidad para amar, respetar y honrar esa parte de ti que a veces se asusta.
- Una oportunidad para aprender a vivir con tu ansiedad con fluidez en lugar de intentar destruirla de forma adictiva.

Antes de continuar describiendo las cuatro etapas de la recuperación, quiero sugerir algunos aspectos no negociables del estilo de vida que debes incluir como parte de tu recuperación continua.

Esto se centra de manera principal en ayudarte a evitar recaídas de ansiedad importantes o volver al punto de partida.

Esas sugerencias se basan en estudios de investigación importantes y años de experiencia. No basta con tener información sobre la ansiedad ni con reaccionar solo ante una crisis. **Tu estilo de vida debe cambiar para que puedas vivir con menos ansiedad**.

La mente reacciona a cómo vives, respondes y te tratas. Intenta considerar estas recomendaciones como las bases necesarias para estabilizar la ansiedad. Quería llamarlas «elementos no negociables del estilo de vida», pero sé que suena inflexible. Así que las llamaré «estabilizadores del estilo de vida».

ESTABILIZADORES DEL ESTILO DE VIDA

Aquí hay una lista de lo que veo que ayuda a muchas personas:

- Para una vida plena, es fundamental encontrar un equilibrio entre el trabajo, el ocio, un propósito vital, el descanso, la diversión, la creatividad, las relaciones sociales y un sentido profundo de la existencia. Si algunas áreas son más importantes que otras, te aconsejo que reflexiones sobre los cambios necesarios para restablecer la armonía.

- Dale a tu cuerpo nutrientes que no lo inflamen aún más. Evita los alimentos ricos en azúcar, grasas y procesados. La ansiedad es un estado inflamatorio y existe una clara relación entre la salud intestinal y la salud mental. No puedo enfatizar lo suficiente la importancia que tiene esto. A diario tomo un suplemento probiótico que mejora la diversidad del microbioma intestinal, lo que a su vez ayuda a reducir la inflamación.
- Haz ejercicio de cualquier forma posible. Reducirá la ansiedad, ya que ayuda a bajar las sustancias químicas del cuerpo (como el cortisol) que agravan los síntomas.
- Duerme bien. Todos los estudios en este campo respaldan la importancia del sueño para reducir la ansiedad.
- Practica la moderación, reducción o abstinencia en el consumo del alcohol o sustancias que alteran el estado de ánimo. Si abusas de ellas en entornos no controlados, agravan los síntomas a largo plazo.
- Reduce el consumo de cafeína. Es un estimulante que aumenta la actividad del sistema nervioso simpático, lo que a su vez te hará tener más ansiedad.
- Dedica un tiempo de manera regular para desconectarte durante el día.
- Limita el tiempo que pasas frente a las pantallas y navegando por internet. Algunos estudios demuestran que la exposición a la luz azul y al contenido negativo tiene un efecto perjudicial en la ansiedad.
- Rodéate de personas que apoyen y comprendan un estilo de vida más saludable. También es importante elegir personas que te animen en lugar de agotarte.

- Intenta trabajar en entornos que disfrutes (siempre hay opciones si exploras con cuidado).
- Pide apoyo cuando lo necesites.
- Pasa tiempo en espacios verdes (no es un cliché, de verdad ayuda).
- Vive el momento. El pasado ya pasó, el futuro no está bajo tu control.
- Vive en plenitud tanto como sea posible en cada aspecto de la vida.
- Aprecia lo que tienes.

Espero que todo tenga sentido para ti. Puedes crear tu lista diaria de estabilizadores del estilo de vida para ayudarte a controlar tu progreso.

Ahora volvamos a la realidad de la recuperación.

LAS CUATRO FASES DE LA RECUPERACIÓN

Estas son las cuatro fases de la recuperación que vivirás. No son lineales, predecibles ni siguen un orden específico. Es un trabajo de toda la vida, pero con menos carga a medida que adquieres experiencia.

Es previsible que pases por cada una de las cuatro fases en algún punto. Las circunstancias de la vida siempre presentarán variables que influirán en las respuestas en determinados momentos.

El objetivo de esta sección es prepararte y ofrecerte estrategias para prevenir recaídas importantes. He aquí las cuatro fases:

1. El período de luna de miel.
2. Recaídas, detonantes y contratiempos.

3. La ansiedad con un nuevo disfraz.
4. Hacer las paces con el yo ansioso.

El período de luna de miel

He tratado a miles de personas con ansiedad a lo largo de mi carrera, a veces en entornos de terapia grupal, a veces de manera individual y, de manera más reciente, a través de los cursos en línea que imparto.

Es fascinante observar las distintas etapas por las que pasan las personas en el camino hacia la recuperación.

El comienzo parece una zona de guerra. Observo resistencia, contraataques, bloqueos, discusiones y autocompasión. En estas etapas, el terapeuta puede ser visto como «el enemigo», con mucha hostilidad transferida o proyectada sobre él. ¡Es muy divertido!

He recibido muchos insultos a lo largo de los años. Pero nunca es algo personal. La frustración nunca es realmente conmigo. Se trata más de lo que le estoy revelando a la persona sobre sí misma.

Esto nunca es fácil, pero siempre se gestiona con un enfoque cuidadoso, compasivo y comprensivo.

En la fase intermedia, la situación se estabiliza. Se empiezan a producir cambios. Se establece una relación sana y constructiva entre el terapeuta y el paciente. La vida mejora de manera notable. Vuelve la esperanza. La ansiedad cede.

Después viene la zona de peligro. De manera irónica, eso ocurre cuando el paciente está en las primeras etapas de la recuperación y le va bien. Cuando oigo a un paciente decir: «Creo que ya puedo terminar», siempre es una señal de alerta. Claro, me interesa que el paciente no me necesite, pero cuando solo lleva unas semanas de recuperación, me preocupa. Sé con certeza que está en el **período de luna de miel**.

Es posible que tú también experimentes una versión de esto cuando empieces a trabajar con este libro.

De repente, la vida es buena. La ansiedad cobra sentido. Te sientes menos intimidado. ¡Crees que te has curado! Entonces, tal vez decidas dejar al terapeuta y los libros. No habrá más cursos, pódcasts, meditaciones, mantras, diarios, infusiones, vitaminas, baños fríos, ejercicio, abrazar árboles, gratitud ni necesidad de una vida sana de ningún tipo. Por lo que parece... ¡estás curado! Sucedió el milagro.

¿Por qué querrías seguir trabajando con las distintas partes de tu yo ansioso, o ser consciente de la energía, o comprometerte con un estilo de vida más saludable? No eres tonto. A juzgar por las buenas sensaciones, estás curado. **Alerta de espóiler**: no es tan sencillo.

Este período es, sin duda, el «período de luna de miel». Infunde en las personas la falsa sensación de seguridad de que no es necesario hacer nada más. Por desgracia, esta no es la realidad.

Durante las primeras etapas de la recuperación, la experiencia vivida es tan diferente a la anterior que puede resultar eufórica. Las sustancias químicas están cambiando. El cuerpo, la mente y las emociones están más asentados. El panorama se percibe muy diferente. La vida parece estable y esperanzadora.

Aunque esto es increíble y motivo de celebración, hay dos realidades que debemos aceptar:

1. No durará ni puede durar. Es una experiencia extrema que debe alcanzar un equilibrio.
2. La ansiedad no ha desaparecido y nunca lo hará.

Pero justo cuando parece que la fiesta ya ha empezado, debo ser yo quien eche un jarro de agua fría. Todavía queda trabajo por hacer.

La luna de miel no durará. La ansiedad acechará en un segundo plano, de ahí la importancia de este capítulo.

Lo fundamental es mantener la constancia en el trabajo que has hecho. Eso ayudará a tu recuperación, evitará recaídas y te permitirá tener una relación saludable con la ansiedad. Tal vez no requiera la misma concentración intensa que en las primeras fases agudas, pero necesitará que sigas presente.

Ahora eres el cuidador de tu yo ansioso. Y debes seguir siéndolo. Las recaídas, los desencadenantes y los contratiempos siempre están a la vuelta de la esquina.

Recaídas, detonantes y contratiempos

Prevención de recaídas

Si lo piensas, todos sufrimos recaídas en muchos aspectos de la vida.

Ayer estabas tranquilo. Hoy tienes ansiedad. Ayer la dieta iba de maravilla. Hoy desayunaste tarta. Ayer fuiste al gimnasio. Hoy te has quedado en pijama todo el día. Ayer meditaste dos veces. Hoy has discutido con varias personas.

No existe un estado fijo en la condición humana. Pero hay mucho que se puede hacer para prevenir las recaídas.

Quiero empezar recordándote que en la vida, hagamos lo que hagamos, todos tendemos a buscar la opción más fácil o a recurrir a lo que nos resulta familiar y seguro. Esto también te pasará con la ansiedad.

Voy a compartir contigo un plan para recaídas sencillo y fácil de usar. Quizá merezca la pena considerar guardar una copia durante un tiempo. Los principios son sencillos, pero es necesario reforzarlos todos los días. Lo llamo **mantener el rumbo hoy**.

Mantener el rumbo hoy

Trabajo bajo el principio (como la mayoría de los programas de adicción) de que con gestionar el día de hoy es suficiente. Si cumples con tus compromisos hoy, lo has hecho genial. Si no, no hay necesidad de juzgarte. Mañana será otro día.

Intenta leer esto cada mañana antes de empezar el día. Te impulsará a una zona de consciencia y te recordará que, en última instancia, eres responsable de tu recuperación.

Para mantener el rumbo, hoy haré lo siguiente:

- Honrar mis estabilizadores del estilo de vida (revisa la página 201). Me comprometeré a mantener mi plataforma firme viviendo esas decisiones.
- Relacionarme con todos los aspectos de mi yo ansioso con compasión, amabilidad y respeto.
- Aceptar que las imperfecciones, las incertidumbres y la imprevisibilidad serán parte de mi día.
- Concentrarme en el momento presente en lugar de insistir en el pasado o el futuro.
- Aceptar los aspectos adictivos de mi yo ansioso y comprometerme a trabajar en ellos.
- Pedir ayuda si es necesario, pero nunca con el único propósito de buscar consuelo.
- Saber que ocurra lo que ocurra hoy, pasará.
- Recordarme a mí mismo que puedo superarlo. Lo superaré. Lo he superado hasta ahora.
- Vivir mi vida de manera tan plena como pueda.

Así debes empezar el día. Las acciones, por supuesto, siguen a los recordatorios.

A menudo, la prevención de recaídas se aborda como un asunto bastante serio y, a veces, el lenguaje que la rodea puede ser un poco aterrador y autoritario. He oído este miedo expresado de diversas formas:

«Si no sigues el plan, te saldrás del camino».
«Eres un completo incapaz».
«Debes hacer *x, y* o *z*».

Esto no es en absoluto una crítica a ningún programa que funcione bien. Cada uno tiene sus ventajas y una justificación para su dinámica.

Mi planteamiento es que la prevención de recaídas en torno a la ansiedad requiere apertura y flexibilidad. Necesita ser compasiva, emocionante, interesante y llena de posibilidades. Nunca debe percibirse como un medio prescriptivo e innegociable para la recuperación.

Un enfoque estricto es contraintuitivo, sobre todo con la ansiedad. ¡El miedo nunca ha ayudado a combatirla!

Estas pueden ser formas útiles de pensar en mi enfoque:

- Hoy has sufrido un revés. ¡Increíble! ¡Qué gran oportunidad para crecer más!
- Hoy has logrado cumplir con todos tus estabilizadores del estilo de vida. ¡Genial! Pero incluso si solo lograste algunos, sigue intentándolo.
- Hoy te has enfadado con tu yo ansioso. No pasa nada, puedes reconciliarte después.

En definitiva, la prevención de recaídas se trata de consciencia, recordatorios, responsabilidad, estar presente, permitirse caer, levantarse de nuevo y seguir adelante con más fuerza. Es la voluntad de intentarlo. Es vivir con el pleno reconocimiento de que la responsabilidad recae en ti y en nadie más.

Serás la persona que evite las recaídas y cree una vida mucho más fácil. Lo repito. **Tú eres el cuidador de tu yo ansioso**.

Detonantes

Espero que ya entiendas cómo son detonantes. Hemos hablado de ellos a lo largo del libro. Son los momentos, situaciones, acontecimientos, sentimientos o reacciones que activan de manera repentina tus ciclos de ansiedad. Esto a veces deriva en un episodio grave.

Los menciono de nuevo porque existe una idea errónea muy común sobre los detonantes, en especial, a medida que se produce una mejoría.

Hace unos años, uno de mis pacientes volvió a terapia dos años después de terminar el tratamiento. Estaba muy disgustado porque su ansiedad había reaparecido tras la llegada de un nuevo jefe a su trabajo. El nuevo jefe le recordaba a uno anterior. Ambos le resultaban irritantes porque le recordaban a su padre autoritario. Curiosamente, su angustia al volver a terapia se centraba en que el jefe lo irritara de nuevo. Creía que eso no ocurriría, sobre todo, porque su ansiedad se había calmado.

El problema era que sus viejas heridas, relacionadas con la difícil relación con su padre, se habían agravado de nuevo. Aún quedaba trabajo por hacer. Se dio cuenta de que estaba personalizando en exceso muchas de las interacciones con su nuevo jefe. Eso alimentaba su ansiedad.

Mi planteamiento es simple. Siempre habrá desencadenantes. No esperes que desaparezcan. La gente, el mundo, los acontecimientos, las injusticias, los titulares, entre otros, seguirán causándote problemas. La buena noticia es que ahora eres consciente de cómo reconocer esos factores detonantes y cómo responder.

Un detonante por sí solo nunca te hará daño. El dolor siempre está en cómo respondes a ellos.

Contratiempos

La mayoría de las investigaciones confirman que la ansiedad aumenta durante los momentos estresantes de la vida. Mencioné antes que, a lo largo de la vida, la mayoría de las personas experimentará pérdidas, duelos, despidos, rupturas amorosas, enfermedades, dificultades económicas, incertidumbre y demás.

¡Sabemos que ir de vacaciones, viajar, mudarse de casa o presentarse a exámenes también aumenta la ansiedad!

La vida siempre trae contratiempos inesperados. Las cosas pasan. La vida pasa. No negocia ni pide permiso.

Al igual que con los detonantes, quiero recordarte que debes estar preparado para los contratiempos de la vida. Sé que tal vez parezca obvio, pero solemos sorprendernos cuando la vida nos trae algo que no deseamos. También podemos olvidarnos de hacer los ajustes esenciales necesarios al afrontar períodos de incertidumbre o inestabilidad.

Si sabes que se está produciendo o se va a producir un contratiempo, tienes el poder para decidir cómo lidiarás con él. Merece la pena preguntarte: ¿qué podría necesitar de ti tu yo ansioso? ¿Qué te ayuda? ¿Qué te mantiene estable?

En resumen, se trata de estar alerta y reaccionar de forma anticipada. No esperes a sentirte abrumado para luego tener que luchar para volver a un estado de seguridad.

Esperar contratiempos no significa vivir angustiado por la posibilidad de que ocurran. Es reconocer y aceptar con valentía que ocurren, como es natural. Es una oportunidad para trabajar con la incertidumbre en lugar de resistirla.

Es una oportunidad para avanzar de forma proactiva en lugar de sentirnos abatidos.

La ansiedad con un nuevo disfraz

Tengo un amigo que es una *drag queen* increíble. Es una persona encantadora y su alter ego *drag* es la creación más fascinante que he visto. Se convierte en ella. Se llama La Voix, y estará encantada de que la mencione aquí. No te preocupes, ya lo consulté.

Cuando La Voix sube al escenario, tiene multitud de atuendos, pelucas, personalidades, reacciones y formas de ser. Es capaz de transformarse en cada instante. Magia, drama, desamor, canciones, comedia, historias, *gags*, sarcasmo, ilusión y alegría llenan el lugar. Nuevas *drags* se entrelazan en la misma creación maravillosa.

Creo que esta es una forma útil de pensar en la recuperación de la ansiedad. Tu yo ansioso puede aparecer en una nueva *drag*, con atuendos y disfraces que nunca habías visto.

La ansiedad, como ya sabemos, es una compañera multifacética que tiene muchos ases bajo la manga.

Recuerdo a un paciente que no veía hacía mucho tiempo y volvió el año pasado. Antes, su ansiedad se centraba en las relaciones sociales y las situaciones públicas. Cuando volvió, pensé que seguiría con los mismos problemas.

Empecé preguntándole cómo se encontraba y, de manera errónea, asumí que los viejos problemas habían vuelto. Se rio y me dijo: «¡Ay, no! Eso es como del siglo pasado, ahora la ansiedad es por mi salud». Su ansiedad se había puesto una nueva máscara y eso no es raro.

ADICTOS A LA ANSIEDAD

Este es un recordatorio para que tengamos en cuenta que la ansiedad puede encontrar otras vías de entrada. Busca vulnerabilidades y circunstancias que parezcan de fácil acceso.

Se presentarán síntomas similares, solo que con un detonante diferente. El cuerpo estará en alerta máxima. Las emociones se despertarán. Los pensamientos estarán desbordados. Los comportamientos intentarán controlar la ansiedad.

Sigue siendo la misma creación maravillosa que piensa que está ayudándote. Tal vez se haya transformado en algo nuevo, pero sigue sin ser la que manda. El que manda eres tú. Es tu responsabilidad gestionarla.

Hacer las paces con el yo ansioso

Cada vez que hablo en un acto, pido al público que piense en las palabras más horribles que se han dicho a sí mismos y que se las digan a la persona que está a su lado. La sala se queda fría. Siguen risas nerviosas. Se puede sentir la inquietud y oír susurros de: «No puedo decirle eso a nadie».

La mayoría de las personas con ansiedad que he conocido se hacen pasar a sí mismos malos momentos. Rara vez se disculpan.

Si piensas en alguien en tu vida a quien no has tratado bien en el pasado, puedes llegar a un punto en el que sientas la necesidad de enmendar el daño causado. Se incluye en muchos programas de recuperación de adicciones. Este acto de disculpa sirve para reconciliarse y mostrar respeto mutuo. Es un acto de sanación.

Me interesa principalmente cómo puedes resarcirte con tu yo ansioso. Me pregunto si alguna vez lo has considerado. Sin duda, fue una novedad para mí en mi camino hacia la recuperación.

¿Te has parado a pensar alguna vez por qué a tu yo ansioso le cuesta confiar en ti? ¿Te has preguntado por qué siente la necesidad de tener el control y se niega a escucharte? ¿Has notado lo distante que puedes sentirte de esa parte de ti y por qué todavía puede sentirse como «el enemigo»?

Es difícil afrontar eso, pero si has estado ignorando, renegando, rechazando y abandonando una parte de ti, ¡es muy probable que tengas que reconciliarte! Aunque el vino y las flores no servirán.

Quizá tu yo ansioso ha sido tratado como un paria. Lo has ocultado, rechazado, insensibilizado, pisoteado, incluso avergonzado. Si bien es en parte comprensible, espero que ahora entiendas que le hiciste eso a una parte increíble de ti.

La recuperación implica enmendar los errores y comenzar de nuevo. Tu yo ansioso necesita saber que lamentas cómo lo has tratado, que lo reconozcas, que te comuniques con él con compasión y que le des espacio. Necesita que lo escuches, pero que lo dejes pasar, que le des la bienvenida a un lugar en la mesa de tu vida.

Ahora debe ser una parte importante de ti. Ya no es una molestia ni algo negativo.

Hasta que no hagas las paces, seguirá percibiéndose como una parte conflictiva. La recuperación de la ansiedad necesita armonía, alineación, respeto y comprensión de esa parte tuya.

Si aún no has hecho las paces, te animo a que lo hagas. Sé que parece un sueño. Lo entiendo. Pero es el epicentro de la recuperación.

Habla con tu ansiedad. Explica por qué la has tratado así. Pasa tiempo con ella. Dale la bienvenida. No huyas de ella. Dedícale tiempo. Nunca la niegues. No la ocultes. Celébrala con el mismo orgullo que sentirías por una parte «exitosa» de ti.

Te prometo de todo corazón que cuando hagas las paces con tu yo ansioso, todo cambiará.

La guerra terminó. Miento, no ha terminado del todo. ¡Me dejé llevar en la última frase!

LAS PREGUNTAS MÁS FRECUENTES SOBRE LA RECUPERACIÓN

Quiero terminar este capítulo respondiendo de manera breve a las cinco preguntas más frecuentes que me hacen los pacientes hacia el final del tratamiento y el inicio de la recuperación. Las he parafraseado a grandes rasgos. Espero que sean útiles y te sirvan de apoyo continuo.

Aquí están:

1. ¿Qué debo hacer si tengo una recaída?
2. ¿Debo comenzar a tomar o seguir tomando medicamentos?
3. ¿Mejorarán otros problemas de salud mental a medida que me recupere?
4. ¿Terminarán los momentos de terror, fatalidad y agobio?
5. ¿De verdad crees que hay esperanza y que puedo recuperarme de la adicción a la ansiedad?

¿Qué debo hacer si tengo una recaída?

A riesgo de sonar repetitivo, es mejor partir de la base de que tendrás recaídas ocasionales. **No son un problema ni anormales**.

Mi consejo para gestionar una recaída es volver siempre a lo básico. Pequeños ajustes pueden devolverte con rapidez a la estabilidad, sobre todo si has trabajado con diligencia. Intenta descubrir qué ha contribuido a la recaída y sé valiente al autoevaluarte.

Los siguientes escenarios suelen presentarse durante las recaídas, así que pregúntate si alguno de ellos se aplica a ti:

• Desconexión del trabajo.
• Falta de rutina diaria de autocuidado.

- Sobrecarga de responsabilidades.
- Falta de límites.
- Vuelta a viejos patrones adictivos.
- Mala alimentación y estilo de vida.
- Consumo excesivo de alcohol o sustancias.
- Vuelta a la autocrítica.
- Mala rutina de sueño.
- Falta de ejercicio.
- Exceso de exposición a redes sociales o titulares de noticias.
- Rendirse y caer en el modo víctima.

Después de analizar qué te desvió, decide en qué áreas te centrarás primero. Como en el trabajo de recuperación que ya hicimos, céntrate en uno o dos aspectos a la vez y ve añadiendo más de manera gradual. Si necesitas ayuda o apoyo, no dudes en pedirlo.

Quiero reiterar que, si tienes momentos de desesperación, desesperanza, sientes deseos de hacerte daño o piensas en quitarte la vida, habla con alguien de inmediato. Siempre hay una salida. En primer lugar, habla con tu médico o llama a urgencias.

Tal vez quieras volver a leer este libro (tautología) o las secciones que se apliquen a tu recaída.

«Salirte del camino» no significa que tengas que quedarte ahí. Es una oportunidad para continuar con el trabajo que ya has hecho.

Las recaídas en la adicción a la ansiedad por lo general son un recordatorio sobre la constancia, el compromiso y la concentración. No son un desastre. ¡A veces son la mayor llamada de atención!

¿Debo comenzar a tomar
o seguir tomando medicamentos?

Esta es un área muy debatida en la recuperación de la ansiedad y en el mundo de las adicciones en general.

Hay puntos de vista diametralmente opuestos. Algunos sostienen la opinión de que si se padece de ansiedad grave y debilitante es necesario medicarse. Hay quienes piensan que los medicamentos no son necesarios, ya que pueden «insensibilizar» emociones importantes.

Mis puntos de vista se encuentran en algún punto intermedio y se basan en la investigación, mi experiencia y la observación de miles de pacientes a lo largo de los años.

No creo que haya una respuesta correcta o incorrecta a esta pregunta. Debe basarse en lo que más te apoya y te ayuda.

Rara vez recomiendo la medicación como primera opción, a no ser que se trate de una urgencia, parezca imposible afrontarla o exista un riesgo para la persona. A veces, la terapia, un curso, un libro, cambios en el estilo de vida, regulación emocional, nuevos comportamientos y la gestión de pensamientos pueden ser suficientes. Podría ser una, varias o todas esas opciones. He tenido éxito innumerables veces a lo largo de mi carrera. Ninguna de esas opciones tiene los mismos efectos secundarios que la medicación.

Por otro lado, a veces son necesarias intervenciones farmacológicas para ayudar a alguien con problemas químicos. Es fácil olvidar que, durante los períodos de desestabilización, existe un desequilibrio químico. Los métodos naturales, no farmacológicos, sin duda ayudan, pero a veces no son suficientes.

Te recomiendo que siempre hables sobre la medicación con un profesional de la salud mental cualificado o con tu médico. Eso no incluye a un *coach*, un *influencer*, un profesional no cualificado ni a alguien que haya hecho un curso de fin de semana. No quiero que eso suene irrespetuoso ni grosero, pero esta conversación debe ser con un experto en el tema. Es demasiado serio para ser superficial.

Existen varias opciones de medicación. Todas requieren una consideración cuidadosa, sobre todo, si tomas otros medicamentos, tienes alergias o un problema de salud diagnosticado. Existe un grupo de medicamentos que se ha evaluado de manera favorable para los trastornos de ansiedad. Se trata de ISRS (inhibidores selectivos de la recaptación de serotonina). Se describen como antidepresivos, pero son eficaces para tratar los «trastornos» de ansiedad. No se recomiendan fármacos como las benzodiazepinas, ya que se sabe que son muy adictivos.

En resumen, si has probado y te has comprometido con seriedad con todos los métodos que he explorado en este libro o has probado la terapia y tu ansiedad sigue siendo un desafío, tal vez sea el momento de hablar con alguien sobre las opciones farmacológicas.

La medicación no siempre tiene que ser un compromiso de por vida. Para algunos, varios meses o un año pueden ser suficientes para ayudarles a estabilizarse. Para otros, es necesario un apoyo a largo plazo. Esta es, en gran medida, una elección personal, pero no debería implicar juicio ni vergüenza.

Haz lo que sea mejor para ti después de una cuidadosa reflexión, consideración, investigación y asesoramiento profesional.

¿Mejorarán otros problemas de salud mental a medida que me recupere?

Por supuesto que sí. Claro que eso no significa una recuperación total de otros problemas, pero ayudará. Existen muchos vínculos entre la ansiedad y otras afecciones, como la depresión, el TOC, el TEPT, el TDAH, entre otros.

La ansiedad suele ser el problema principal, pero puede empeorar otras dolencias. Por ejemplo, la depresión a veces es consecuencia de la ansiedad. Yo lo llamo «colapso dorsal». La ansiedad se vuelve tan desgastante que la parte posterior del cerebro se «apaga» casi por completo para recuperarse. Eso produce síntomas depresivos como cansancio, tristeza, falta de motivación, etcétera.

Una existencia con menos ansiedad tendrá una influencia positiva en casi todos los aspectos de tu vida y eso incluye otras afecciones de salud mental.

¿Terminarán los momentos de terror, fatalidad y agobio?

Esos son los síntomas de ansiedad menos comentados. Pero son muy reales. Muchas personas describen cómo los momentos de terror, fatalidad inminente o agobio se presentan como una nube oscura en un día tormentoso.

No desaparecen del todo. Los describo como «resacas» de momentos de ansiedad aguda o señales de alerta de que tu «barómetro» de ansiedad está subiendo demasiado. Son una combinación de cambios químicos, dificultades de pensamiento, desregulación emocional y todos los demás cambios que acompañan a los síntomas de ansiedad.

En el contexto de una recaída, trata de ver esos momentos como señales de advertencia y trabaja con ellos en consecuencia.

Son llamadas a la estabilidad. Te recuerdan que hay que «retomar el rumbo», por así decirlo. Esos momentos no te harán daño. Son tus barómetros de apoyo.

¿De verdad crees que hay esperanza y que puedo recuperarme de la adicción a la ansiedad?

POR SUPUESTO. Tanto que quiero terminar el libro dedicando el último capítulo a historias de esperanza y recuperación. Espero que esas historias te inspiren como a mí.

RESUMEN DEL CAPÍTULO

- ○ Espera altibajos en tu camino hacia la recuperación. Son parte normal del proceso. No significa que estés retrocediendo.
- ○ Utilizar de manera regular los estabilizadores del estilo de vida enumerados te ayudarán en gran medida a mantenerte en el buen camino.
- ○ Hay cuatro etapas de recuperación que debes conocer:
  - La luna de miel. Este es el período de riesgo en el que dejas de poner atención a la perpetuación de la ansiedad conforme empiezas a sentirte mejor.
  - Recaídas, detonantes y contratiempos. Todos ocurrirán en algún momento. Reconocer, responder y adaptarse son clave.
  - La ansiedad con un nuevo disfraz. Es importante saber que usará otros medios si detecta una oportunidad.
  - Hacer las paces con el yo ansioso. Reconciliarse y reconstruir la confianza con el yo ansioso es importante para la recuperación.
- ○ Busca siempre ayuda y apoyo si las cosas se ponen demasiado difíciles.

○ Trabaja con la lista de recordatorios para la prevención de recaídas si notas que te estás desviando del camino.

○ A veces, la medicación es una opción útil. Consulta siempre con un profesional de la salud mental.

○ Las recaídas y los contratiempos forman parte de fortalecerse y construir una relación más sana con la ansiedad. **Son normales.**

○ Siempre hay esperanza. *Puedes* recuperarte.

Pensamiento final

En la vida todos caemos en algún momento.
Lo que en realidad importa
es levantarse.

10

La esperanza y el futuro

Resumen rápido

Hemos llegado al último capítulo del libro. Primero, gracias por acompañarme, y segundo, felicidades por mantener el rumbo. Sé que a veces no habrá sido fácil.

He trabajado contigo para intentar, de manera compasiva, enfrentarte a algunas verdades incómodas sobre tu ansiedad, en particular, tu adicción a ella.

Te he presentado TODAS las partes de tu yo ansioso: cuerpo, emociones, mente, comportamientos y energía. Ahora las conoces.

Has comenzado a construir una nueva relación con tu yo ansioso. Ahora tienes herramientas para gestionarla mejor. Te he retado a asumir la responsabilidad de tu papel en mantenerla. Te he ofrecido la posibilidad de un futuro donde no controle tu vida. Te has enfrentado a la realidad de tu **adicción al proceso de ansiedad**. Has aprendido **cómo romper el hábito**.

CÓMO PODRÍAS SENTIRTE

Es muy probable que habrás tenido momentos de gran revelación al leer este libro. Momentos en los que te has sentido comprendido y validado. Momentos de alivio, curiosidad, emoción, incluso euforia al entender mejor tu ansiedad. Aunque me alegro mucho por esos momentos, también soy realista.

El realista que llevo dentro sabe que también hubo momentos en los que te habrás sentido irritado, enfadado, frustrado o ¡molesto conmigo! Sería imposible no tener alguna que otra reacción fuerte hacia mí y el contenido de este libro. No disfruto esos momentos, pero sé que son normales. También significa que estoy haciendo mi trabajo. Si este trabajo te pareció pan comido, entonces me he perdido algo o te has desconectado en algún punto.

En resumen, si te has sentido inquieto y un poco desconcertado a veces, ¡genial! Son buenas noticias. En esos momentos se producen los cambios.

REFLEXIONES FINALES

A estas alturas, ya he tratado la mayoría de los temas que quería abordar en el libro, bueno, casi todos.

Quiero terminar con una nota llena de esperanza porque la tengo en ti.

Para ayudarme a hacerlo, compartiré algunos estudios de casos de pacientes con los que trabajé.

También quiero destacar dos áreas en las que es necesario centrarse durante el camino hacia la recuperación:

- La esperanza
- El futuro

Los he mencionado varias veces a lo largo del libro, pero quiero destacarlos un poco más antes de terminar.

La esperanza

Voy a ir directo al grano. Confío en que puedes superar tu adicción a la ansiedad y dejar de vivir bajo sus garras.

Es una perspectiva esperanzadora. Veo cómo sucede todos los días. ¡La esperanza es la piedra angular para la recuperación de la ansiedad y la mayoría de los desafíos de la vida! Si el miedo alimenta la ansiedad, la esperanza es el antídoto.

La gente suele confundir la esperanza con el pensamiento positivo o la considera algo vago, incluso irrelevante. Nada más lejos de la realidad.

Hay muchas investigaciones científicas que destacan los beneficios de la esperanza. Por ejemplo, ¿sabías que la esperanza altera la química cerebral? Reduce la actividad neurológica de la ansiedad. También mejora la función cerebral. A nivel celular, ayuda a liberar más endorfinas y encefalinas. Esto, a su vez, mejora el estado de ánimo y reduce la ansiedad. ¿Quién lo diría?

Para reforzar aún más los beneficios de la esperanza, te explicaré lo que creo que es.

Mi definición de esperanza

Hace tiempo escuché una hermosa descripción de la esperanza por parte de un sacerdote jesuita. Dijo que la esperanza era saber que la mañana siempre llega, pero que, por el contrario, noche nunca es permanente.

Toda persona que lea este libro comprenderá lo agotadora y debilitante que puede ser la ansiedad. Estoy seguro de que muchos han vivido sus «noches oscuras» con ella.

No es fácil sentir esperanza durante un período de ansiedad. No es una reacción habitual para la mayoría. Por lo tanto, sintonizarnos con la esperanza es importante porque aleja la mente del estado de desesperanza o impotencia que evoca la ansiedad.

Para que quede claro, eso no significa evitarla ni bloquearla. Significa enfrentarla, pero desde la perspectiva de la esperanza. Esto lo cambia todo en mi experiencia.

A un nivel más micro, la esperanza fortalece tus creencias de que:

- Puedes con la vida.
- Superarás el episodio de ansiedad.
- El mañana puede ser mejor.
- Siempre hay posibilidades.
- La situación puede mejorar.
- Tu ansiedad no es un estado permanente.
- No es tan mala como parece.

La esperanza elige ver más allá del problema y buscar la luz. Por ejemplo, te ayudará a ver tu ansiedad como una aliada, no como una enemiga.

La esperanza se niega a ser victimizada. Te animará a ver el «panorama» completo, en lugar de retraerte en la ansiedad y culparte.

La esperanza se centra en mejores posibilidades, no en la incomodidad del momento. Te animará a ser curioso sobre tu experiencia, no a ser fatalista.

La esperanza se centra en la realidad y en los hechos en lugar de en los escenarios catastróficos de la mente.

Tal vez te preguntes cómo mantener la esperanza, sobre todo cuando la ansiedad se intensifica. Existe cierta coincidencia con las técnicas mencionadas antes, y no hay problema en usarlas cuando reconozcas que te falta esperanza.

Cómo sentir esperanza

- Detente y pregúntate cómo ves la situación. ¿Lo haces desde la perspectiva del miedo o desde la perspectiva de la esperanza? Elegir la esperanza generará un cambio de mentalidad inmediato.
- Examina los pensamientos que generan dificultades y determina cuál sería una alternativa más esperanzadora.
- Responde con compasión a cualquier emoción difícil.
- Repite este mantra durante unos minutos: **Puedo gestionar esto, todo está bien**.
- Visualiza una escena esperanzadora que te haga sentir tranquilo y a gusto.
- Recuerda que una perspectiva esperanzadora tiene una influencia enorme y positiva en todas las partes de tu yo ansioso.

La esperanza es la base de este libro. Cada página está llena de ella. Si no la has sentido, reléelo. Busca y percibe las señales.

Prometí compartir contigo algunas historias de esperanza en este capítulo. Quiero empezar con Keely.

La historia de Keely: un caso sin esperanza

Keely es una mujer casada de cincuenta y cuatro años con tres hijos adultos. Ha luchado contra la ansiedad toda su vida.

Cuando la conocí para terapia, formulamos su historia. Una infancia abusiva, la adversidad social y el acoso infantil la predispusieron de manera psicológica a la ansiedad.

Había probado varios medicamentos y terapias. Todos le ayudaron, pero solo a corto plazo. Keely me explicó que no quería profundizar en su ansiedad. Quería herramientas que la ayudaran a sentirse mejor.

Se apresuró a contarme que, una vez, un profesional de la salud se había referido a ella como **«un caso sin esperanza»**.

Si bien entendía la mayoría de los conceptos relacionados con su ansiedad, rara vez aplicaba las soluciones. Nunca había considerado el componente adictivo de su ansiedad. Cuando abordé el tema se puso nerviosa.

El momento decisivo se produjo cuando le sugerí activar su ansiedad y pánico durante una sesión (es una técnica muy utilizada, en especial con el pánico).

Tenía curiosidad por ver cómo se comportaba durante un episodio real. Es una forma de terapia de exposición a la tolerancia. De inmediato tuvo ansiedad, estaba evasiva e irritada ante mi sugerencia. Exploré lo que estaba pasando y ella gritó: **«¡No puedes ayudarme! No lo haré. ¡Soy un caso perdido! El médico lo dijo. ¡Mi padre dijo lo mismo!»**.

El componente adictivo estaba ahí. Era adicta a la creencia de que no había esperanza de que su ansiedad mejorara. Creía que no había ayuda posible. Creía que no podía mejorar. Se resistía a recibir ayuda, a pesar de acudir a mí (eso no es raro).

Los tratamientos anteriores se habían centrado en la **gestión reactiva** de los síntomas. Nadie había explorado *por qué* los síntomas volvían y por qué se había vuelto adicta al proceso de ansiedad.

Su yo ansioso intentó protegerla aferrándose a la idea de que era un caso perdido. Si intentaba mejorar y fracasaba, le preocupaba que confirmara su peor temor: que era un caso perdido.

Se había quedado estancada y adicta a su ansiedad. La buena noticia es que pudimos trabajar en esta parte de su historia.

Analizamos las posibilidades más allá de la narrativa de «caso perdido». Poco a poco, empezó a dejarlo ir.

La recuperación de Keely fue increíble. Bastó con cambiar su perspectiva de desesperanza a esperanza para que comenzara a mejorar.

A veces, encontrar esperanza y redención con la ansiedad se trata de explorar las zonas estancadas. A veces es obvio. A veces, no. Pero siempre hay una explicación si tienes la valentía de mirar en tu interior.

La moraleja de la experiencia de Keely es no aferrarse a las «historias» repetidas que tienes sobre la ansiedad. Sí, algunas pueden ser ciertas. Pero otras podrían ser parte de la evasión, la represión, la supresión o el aferramiento a creencias inútiles.

Ve a las zonas incómodas y deja que te guíen. Las cosas nunca son tan malas como parecen.

NOTA: Si hacer esto solo te parece demasiado, busca siempre la ayuda de un profesional.

El futuro

No puedo terminar el libro sin abordar el hecho de que, ahora, debes considerar un futuro diferente al anterior.

¿Cómo te sientes al respecto? ¿Te imaginas una vida con menos ansiedad? ¿Te imaginas sin tu adicción a ella?

Te reto a que te detengas durante un momento y te permitas imaginar de verdad tu vida fuera de las garras de la ansiedad…

¿Cómo te sentirías?

¿Qué harías diferente?

¿Cómo sería tu futuro soñado?

¿Cambiaría tu carrera?

¿Viajarías más?

¿Socializarías más?

¿Cuál sería tu aspecto, cómo sonarías y cómo te presentarías al mundo?

¿Cambiarían tus amistades y relaciones?

¿Tomarías riesgos más saludables?

¿Cómo gestionarías tus pensamientos, emociones y comportamientos?

¿Cómo afrontarías el pasado?

¿Cómo gestionarías la incertidumbre y los contratiempos?

¿Vivirías cada día con más plenitud?

¿Aceptarías la vida tal como es?

¿Tu vida sería más plena?

Puedo afirmar con absoluta confianza que la vida de las personas cambia cuando se liberan de su adicción a la ansiedad. ¡Qué increíble sería eso para ti!

Por otro lado, podrías sentirte un poco atemorizado. Tal vez sientas que no es el momento adecuado. Tu yo ansioso, sin duda, apoyará al cien por cien cualquier procrastinación o evasión.

No te juzgo. Solo necesito prepararte para la realidad. Este trabajo, si se toma en serio, mejorará tu vida de manera radical.

Las posibilidades son ilimitadas para ti. Podrías vivir una vida increíble, plena, satisfactoria, más tranquila y feliz. Lo sé porque soy testigo de transformaciones así todos los días. Te ruego que consideres esta opción.

La historia de Billy: recuperar la vida

Billy llegó a mi consulta desanimado por completo. Era un oficinista de treinta y dos años. Vivía solo y rara vez socializaba.

La ansiedad era para él una «aflicción» que padecía desde hacía mucho tiempo. Le habían diagnosticado trastorno de ansiedad generalizada y un TOC puro, caracterizado por pensamientos obsesivos e intrusivos. También había buscado ayuda de numerosos especialistas.

El problema de Billy estaba muy ligado a su obsesión por controlar sus pensamientos. Creció en un ambiente religioso muy estricto, con reglas familiares muy rígidas y muchas disfunciones en las relaciones familiares.

Él lo entendió todo. Se mostró bastante indiferente cuando compartí con él mis ideas iniciales. Billy meditaba, hacía ejercicio, comía bien y cumplía con la terapia. Hacía todo lo «correcto» y fue un paciente modelo en muchos sentidos. Dicho eso, era consciente de su «estancamiento».

Solía contar historias de su pasado, pensamientos difíciles y tratamientos fallidos. Describió una sensación de debilitamiento. De vez en cuando solía decirme que era poco probable que pudiera ayudarlo. Nadie más lo había hecho. Un psiquiatra le había dicho que era **«un caso muy complejo»** (no tan duro como la descripción de Keely de «caso sin esperanza»).

¡Mis oídos se agudizaron con la etiqueta de «caso complejo»! A decir verdad, estaba teniendo dificultades con Billy. No avanzábamos mucho.

Decidí discutirlo en mi supervisión (algo que todos los terapeutas tienen, en la que los casos complejos se discuten con otro terapeuta). Él reflexionó conmigo sobre Billy en aquel momento. Me preguntó: «Entonces ¿qué falta?». No entendí la pregunta, así que la reformuló. «¿Qué no ha mencionado?». Respondí al instante. Billy nunca había hablado del futuro.

Durante mi siguiente sesión con Billy, le pregunté sobre su futuro. Intenté explorar sus esperanzas, sueños y aspiraciones. ¡Estaba furioso conmigo! ¿Cómo podía preguntarle eso cuando estaba sufriendo tanto? ¿Cómo pude pensar que un futuro positivo era realista? ¿No me daba cuenta de lo imposible que era para él superar su ansiedad?

Ahí estaba, ¡premio! Había dado en el clavo. Su reacción me habló de una sobreidentificación con la ansiedad que no le permitía un futuro.

¡En su opinión, su ansiedad era demasiado compleja para descifrarla! Al fin y al cabo, el psiquiatra lo había dicho. Su excesiva identificación con la ansiedad lo mantenía atascado.

Con el tiempo, pudo reconocerlo y aceptar que se sentía seguro. Más tarde admitió que el futuro lo aterrorizaba. Era más fácil estar ansioso que pensar en el futuro.

Al principio, pensé que Billy era adicto a pensamientos negativos que no le servían. Pero me di cuenta de que eso no era suficiente. No solo era adicto a esos pensamientos ansiosos, también estaba enganchado a verse como una persona con ansiedad.

Los dos problemas necesitaban atención terapéutica. Comencé el trabajo de liberar a Billy de sus pensamientos y de su apego a la identidad de persona con ansiedad.

Tras unos meses, su ansiedad se calmó de manera considerable. Sus pensamientos intrusivos se aquietaron. Con el tiempo pudimos hablar de su futuro.

Un año después de terminar la terapia, recibí un correo electrónico de Billy diciéndome que había emigrado a Australia. Tenía novia. Se formó como bombero. Se sentía de maravilla.

Billy había recuperado su vida.

Había encontrado esperanza, la cual se hizo realidad solo cuando llegamos a lo importante. Al principio no fue fácil ni cómodo, pero a la larga mereció la pena.

TE TOCA A TI

Sé que lo has escuchado varias veces, pero aquí va de nuevo. «Tomemos la última», por así decirlo.

La única persona que puede hacer los cambios necesarios para controlar tu ansiedad eres tú. Nadie más vendrá a salvarte.

Tu responsabilidad ahora es salvarte moviéndote hacia tu yo ansioso con total apertura y compasión.

Espero que cuando termines de leer este libro y empieces a aplicar los principios en tu vida, te pongas en contacto conmigo a través de las redes sociales o de mi sitio web (encontrarás mis datos al final del libro). Espero sumarte a mis historias de esperanza.

Mi deseo para ti es que empieces a sentirte mejor. Mucho mejor.

Te repito: espero que tu ansiedad disminuya. Espero que comiences a retomar el control de tu vida.

Creo que puedes darle la bienvenida a tu yo ansioso a la mesa de tu vida y convertirlo en un invitado de honor. Creo de todo corazón que puedes recuperarte.

Te animo a que, con el tiempo, compartas tu nueva libertad con los demás. Cuéntales qué te ayuda. Anímalos a leer este libro o a buscar ayuda.

Únete a la marea de sanación compartiendo lo que aprendiste en este libro. Si te animas a compartirla, tu historia podría ayudar a mucha gente.

En ese sentido, siento que ahora es mi deber y responsabilidad compartir contigo mi historia de ansiedad antes de terminar. Espero que sea útil.

MI ADICCIÓN A LA ANSIEDAD Y CÓMO ROMPÍ EL HÁBITO

Esta es la parte más difícil de escribir. Te lo contaré con toda sinceridad.

Soy psicoterapeuta y trabajo con muchas personas con ansiedad. Escribo libros sobre el tema. A veces hablo del tema en la radio y la televisión. En ocasiones me consideran «experto». Tengo muchos títulos y reconocimientos profesionales.

He aquí lo que me pasa mientras escribo esta sección. Mi ego, reforzado por mi yo ansioso, duda si debo compartir mi ansiedad contigo, el lector. ¿Qué pensarás? ¿Te hará descartar mis consejos? ¿Me hará parecer débil? ¿Sonaré menos profesional? Bla, bla, bla…

También se cuestiona si es una opción más fácil no decir nada. ¿No sería mejor seguir siendo el sanador, el terapeuta, el escritor, el que ayuda, el que resuelve problemas, el cuidador y el que manda? En Belfast, dirían que soy el «jefe».

La realidad es que, como la mayoría de las personas, no soy el «jefe» todo el tiempo. A veces yo también la paso mal. A todos nos pasa. No te dejes engañar: hasta los terapeutas y los gurús de Instagram tienen días malos.

Comparto mi historia por respeto a ti. Te pido tu confianza como terapeuta, escritor y ser humano.

Si no puedo compartir mi humanidad contigo, no tengo derecho a animarte a hacer lo mismo. De igual manera, no puedo pedirte que confíes en mí.

Por tanto, predicando con el ejemplo, he decidido que mi ansiedad y mi ego no tomarán las riendas.

Estoy orgulloso de poder compartir mi adicción a ella y cómo rompo el hábito la mayoría de los días.

El terapeuta de ansiedad (a veces un humano con ansiedad)

Tengo una reputación sólida como terapeuta en el tratamiento de la ansiedad y el trauma. Puedo decirlo con total seguridad.

Eso se relaciona en parte con mi formación y experiencia profesional, en particular con mi formación dual en psicología y medicina. También se atribuye a una buena formación y una excelente supervisión. La terapia personal también ayuda.

He trabajado con excelentes colegas. He tenido pacientes increíbles que me han enseñado muchísimo. Asisto a muchas conferencias y talleres. Me mantengo al día con las últimas investigaciones.

Pero si soy del todo sincero, la capacidad para hacer muy bien mi trabajo se debe, en gran medida, a que conozco la ansiedad y el trauma de **primera mano**.

He recorrido el camino. Te lo resumiré lo máximo posible. Voy a enumerar los aspectos clave de mi historia y explicar por qué mi yo ansioso se desarrolló como lo hizo.

Mi historia

- Antecedentes traumáticos por crecer en Belfast durante el período de violencia sectaria conocido como el conflicto norirlandés. Crecí en una zona desfavorecida. Tenía gente maravillosa, pero experimenté algunas de las peores atrocidades durante este período. Mi familia (como la mayoría) se vio afectada por eso.
- Acoso escolar severo. Tocaba el piano, otros me identificaban como el «chico gay» y sufrí mucho rechazo y humillación durante varios años.

- Educación católica que reforzaba la vergüenza, sobre todo en torno a la sexualidad. En aquella época, las personas *queer*, de cualquier tipo, no eran bien recibidas ni comprendidas.
- Problemas familiares parecidos a los de la mayoría de la gente que sobrevive a circunstancias políticas, sociales y económicas desafiantes.
- Retos normales de la vida como pérdidas, incertidumbre, imprevisibilidad y superación de momentos difíciles.

¿Por qué mi ansiedad evolucionó como lo hizo?

Durante mis años de formación, nada me parecía seguro.

Salir al aire libre era un verdadero riesgo. A diario disparaban y mataban gente. El hogar, a pesar de recibir mucho amor, a veces se llenaba de ansiedad. La iglesia era amenazante, con juicios sobre el bien, el mal, lo correcto y lo incorrecto. El colegio era un campo minado para esquivar a los acosadores.

Mi instinto primario estaba programado para que el mundo y los demás no fueran seguros. Me volví adicto a la ansiedad como medio para sobrevivir a la adversidad. Era un mecanismo útil a corto plazo. A largo plazo, resultaría problemático.

Avance rápido hasta la edad adulta

Tengo la ansiedad muy arraigada. Entiendo cada síntoma que te he descrito en este libro. Los conozco.

Mi cerebro adulto, cuando tenía entre veinte y cuarenta años, todavía funcionaba a partir de la sensación de amenaza que experimentó durante los primeros veinte años de vida.

Mi yo ansioso aprendió a:

- Sobrepensar
- Preocuparse
- Predecir
- Adormecer las emociones
- Bloquear el miedo
- Evitar situaciones que provoquen ansiedad
- Buscar afirmación

Y ya sabes el resto. Me volví adicto a la ansiedad porque creía que la necesitaba para sobrevivir.

Odiaba mi yo ansioso porque no lo entendía. Era incómodo y restrictivo. Huía de cualquier parte de mí que consideraba negativa. Sobrecompensaba demasiado. Evitaba muchas cosas. Me mantenía fuera del radar para evitar el rechazo. A veces actuaba desde mi propia vergüenza, sintiéndome insuficiente.

¿Cómo cambió todo?

Varias cosas ayudaron. Terapia. Reconfigurar mi mente amenazada. Aprender a comprender a mi yo ansioso y construir una nueva relación con él.

Las prácticas diarias de bienestar se convirtieron en un nuevo marco. Decisiones saludables. Buenas personas en mi vida. No apegarme demasiado a mi historia.

En resumen: todo lo que he contado en este libro me ayudó en gran medida y, también, todas las personas con las que trabajé. Desearía que alguien me hubiera regalado este libro cuando era más joven.

En lugar de dejarme atormentar por el pasado, decidí usar mis experiencias para crecer de manera emocional. A su vez, quise transmitir esto a otros, por eso decidí convertirme en terapeuta. Esa es la razón de este libro: *Adictos a la ansiedad*.

Espero que mi historia te ayude a entender por qué tu ansiedad evolucionó como lo hizo. Espero que entiendas cómo te volviste adicto a ella. Espero que ahora sepas que la sanación es posible.

Te lo prometo: lo es.

Pensamiento final de mi historia

Alguien me preguntó hace poco en una entrevista qué consejo daría para recuperarse de la ansiedad.

Basado en mi experiencia, diría que lo más importante que hay que recordar es: usa cualquier acción, técnica, herramienta o intervención para gestionar la ansiedad, **no para deshacerte de ella**.

Cada vez que trabajes con tu yo ansioso, no lo rechaces, no lo abandones, no lo desconozcas, no lo juzgues y no lo avergüences.

Ha surgido porque necesita lo contrario de ti. Ve hacia el yo ansioso con compasión, amabilidad, apertura y aceptación. No hay otra manera. Hazlo bien y el resto vendrá solo.

NO ES UNA DESPEDIDA

Cualquiera que me conozca en persona podrá atestiguar que no me gustan las despedidas.

Me pongo triste cuando termina una cena. Mis despedidas nunca son rápidas. Hoy llamé a mi editora, Ione, para hablar sobre el final del libro ¡porque tenía un poco de ansiedad!

Decidí que no me voy a despedir en este libro. Voy a ver este final como el comienzo de una nueva relación. De alguna manera, ahora ya estamos conectados a través del libro. Siempre lo estaremos. La ansiedad nos ha unido.

Quiero darte las gracias de corazón por leer este libro y conectarte conmigo y mi trabajo.

Quiero enviarte verdadera esperanza y aliento para tus avances.

Quiero que sepas que **ya no necesitas vivir siendo adicto a la ansiedad**.

Epílogo

Una carta a tu yo ansioso

Esta es una carta que le escribí a mi yo ansioso hace muchos años. La consulto con frecuencia.

Al emprender tu camino, te animo a hacer lo mismo. Que te sirva de recordatorio para cuidar siempre esa parte de ti que más te necesita.

Querido yo ansioso:

No me conoces bien, pero me habitas. Eres parte de mí. He estado un poco desconectado de ti durante muchos años.

Sé mucho sobre ti y entiendo cómo funcionas. Podría decirse que soy un experto en ti.

En las próximas semanas y meses, notarás que reacciono de manera diferente ante ti.

Voy a dejar de rechazarte, alejarte, avergonzarte o bloquearte de cualquier forma. Lamento mucho haberlo hecho.

*Quiero una nueva relación contigo. Pero hay una condición: **ya no puedes estar al mando.***

Sé que tienes buenas intenciones. Pero a veces te esfuerzas demasiado y me angustias e incomodas. Por eso tengo dificultades contigo.

No quiero vivir en estado de alarma escuchando tus miedos. Ahora estamos a salvo.

Este es el trato.

Necesito que me escuches más y que sigas mi ejemplo.

Necesito que confíes más en mí. Dame espacio. Déjame respirar. Calma mi mente. Relaja mi cuerpo. Calma mis emociones. Aumenta mi energía.

Sé que te encanta tener el control, pero este nunca ha sido tu papel. Ya puedes soltar los viejos roles.

Necesito que hagas menos. Relájate y disfruta más del viaje. Si te necesito, lo sabrás. Pero por ahora, estamos a salvo.

Owen X.

Agradecimientos

Gracias al sello Penguin Michael Joseph por creer en este libro. También quiero agradecer enormemente a mi editora, Ione Walder, por su apoyo durante todo el proceso. Mi más sincero agradecimiento a Mark Sammon y al equipo de Fresh Partners. Por último, a mi familia, amigos y a todos los que han apoyado mi trabajo en actos, redes sociales o cualquier otra plataforma, les estoy muy agradecido.

«Para viajar lejos no hay mejor nave que un libro».

EMILY DICKINSON

Gracias por leer este libro.

En **penguinlibros.club** encontrarás las mejores
recomendaciones de lectura.

Únete a nuestra comunidad y viaja con nosotros.

penguinlibros.club

Penguin
Random House
Grupo Editorial

 penguinlibros